ジュニアレッスンシリーズ

読めばメキメキうまくなる

サッカー入門

戸田智史監修
●東京武蔵野シティFC U-15監督

サッカーを好(す)きになってほしい！

こどもたちにサッカーを教えるときに、もっとも大事にしているのが「サッカーは楽しい」と思ってもらうことです。では、どんなときに楽しいと感じてもらえるか。それは「できないことが、できるようになったとき」です。

キックがねらったところに飛ぶようになった。
強いボールを止められるようになった。
ドリブルで相手をぬけるようになった。
目をつぶらずヘディングできるようになった。

できることが増えていけば、「もっと、もっと」とうまくなりたいという気持ちが出てきます。プロになった選手だって、最初から何でもできたわけではありません。ちょっとずつ、できることを増やしていく。それをくり返してプロになっています。

うまくなるために大事なのが、監督やコーチから言われたからやるのではなく、自分からやろうとすることです。やりたいと思っていれば、自然と何をするかを考えるようになるし、何がダメなのかに気づくことができます。

「もっとうまくなりたい」という気持ちがあったら、この本を読んでみてください。きっと、うまくなるためのヒントが見つかるはずです。この本をとおして、みんながもっとサッカーを好きになって、もっと楽しんでくれたら、本当にうれしいです。

東京武蔵野シティフットボールクラブ
戸田智史

この本の読み方

part 2

あわてないためには？

顔を上げて相手を見る

リード

ボールを止めるときに、相手によせられるとあわててしまうことがあります。あわててしまうのは、ボールばかりを見てしまっているからです。顔を上げて、相手がどこにいるか、よせてきているかを見ることが大事です。

このページの大事なポイントがまとまっています。ここを読んでから写真を見ると、よりわかりやすくなります

顔が上がると相手も見える

ボールばかりを見ていると……

56

お手本となるプレーの例です。悪い例とくらべて、どんなところが違うかを考えましょう

顔が上がっている

顔が下がっている

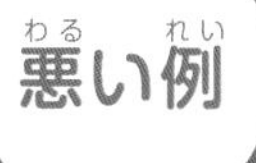

間違ったプレーの例です。良い例とくらべて、どんなところが違うかを考えましょう

ボールをしっかり止める！

顔を上げることは大切ですが、マークの相手ばかりに気をとられると、かんじんのボールをしっかり止められず、イレギュラーしてしまうことがあります。ボールを止める瞬間は、ボールをしっかりと見ましょう。

57

ポイント

戸田監督からのアドバイスです。気をつけたいポイントや、うまくいくためのコツを教えてくれています

もくじ

part 1

キックをうまくなろう！

part 2

コントロールをうまくなろう！

part 3

ドリブルをうまくなろう！

part 4

ヘディングをうまくなろう！

part 5

個人上達メニュー

part 1

キックをうまくなろう！

1. 正しいけり方って？
2. 強いキックをするには？
3. まっすぐ飛ばすには？
4. 遠くにけるには？
5. インサイドキック
6. インステップキック
7. インフロントキック
8. アウトサイドキック
9. 苦手な足でけるには？
10. 浮き球をけるコツは？
11. バウンドしたボールのコツは？

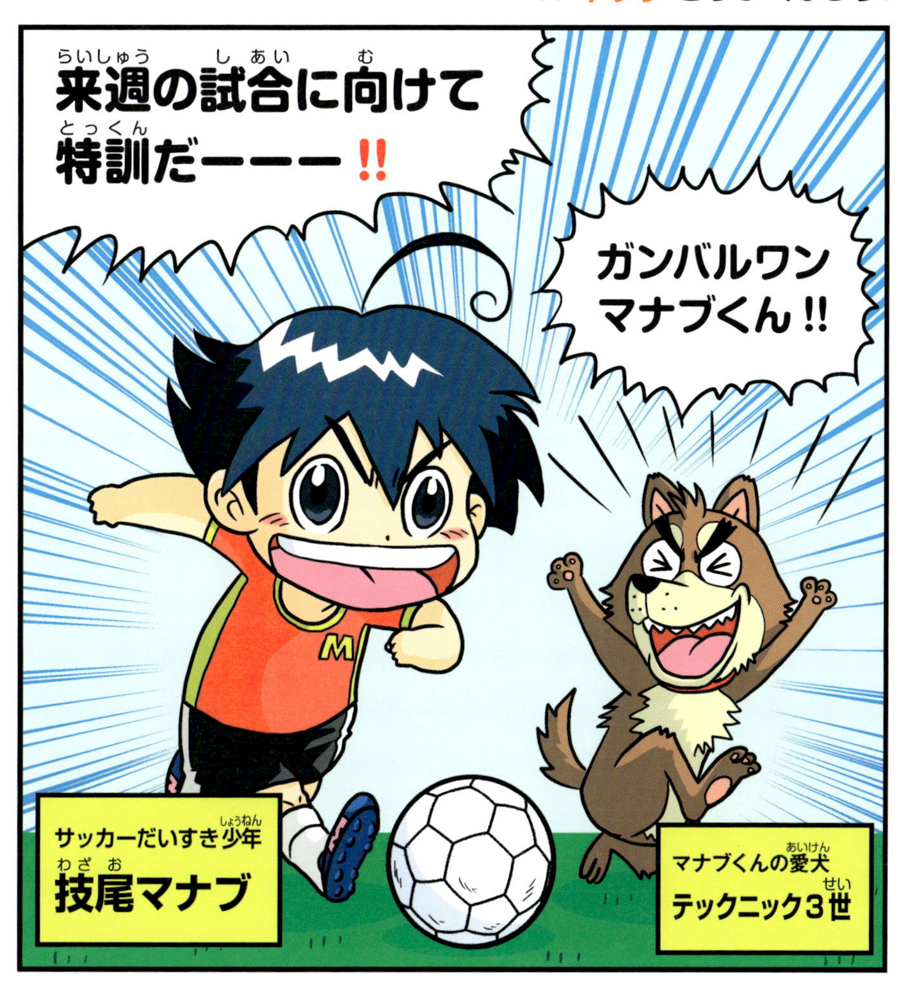
来週(らいしゅう)の試合(しあい)に向(む)けて
特訓(とっくん)だーーー!!
ガンバルワン
マナブくん!!
サッカーだいすき少年(しょうねん)
技尾(わざお)マナブ
マナブくんの愛犬(あいけん)
テックニック3世(せい)

まずはキックの
練習(れんしゅう)だ！
よいしょっと

助走(じょそう)をしっかり
とって…
とてててー

助走長っ!!
ボールはココ
よーし
いくぞー
ちん まり

ハァ ハァ ハァ
テテテテテ
…途中で
つかれちゃってるワン…

それっ!!
ダ

アチャ〜
ポテン
ポテン
ギャン!!
ズテーーン

エイッ
ボ
チン

どうやったらしっかり
ボールを飛ばせる
ようになるのかな～
ゼ～
ゼ～
みず
水

ボールをけるのに
長い助走は必要ない!!

ボクがキックのコツを
教えてあげよう!!
ジャーン

アレはサッカーの
テクニックを
わかりやすく
教えてくれる…
ズコトワン!!
戸田監督
だワン!!

上手にボールをけるための
3つのポイントをおぼえるんだ!!

ポイント1
グー1コ分！
軸足
軸足はボールからグー1コ分はなそう!!
ポイント2
12 1 2 3 4 5 6 7 8 9 10 11
腕の位置は時計の1時と8時の位置に!!
ポイント3
けりたい方向
軸足
軸足のつま先をけりたい方向へ向けよう!!

この3つのポイントをおぼえたらクリスティアーノ・ロナウドのようにカッコよく正確にキックできるぞ!!

さぁ！
やってみよう！
よーし…

グー1コ分（ぶん）！
ザッ

1時（じ）と8時（じ）!!

つま先（さき）をけりたい方向（ほうこう）へ!!!
こっち!!

バシイイッ
ビュうううーン

やったー！
飛（と）んだぞー!!
ワンダフル!!
それをおぼえてやっていこう！

よーし
もっと練習（れんしゅう）するぞー！
で〜〜〜ん
ズコー
…だから助走（じょそう）は必要（ひつよう）ないって…

part 1

正しいけり方って?

立ち足はグー1コ分はなす!

まっすぐにボールを飛ばすために、いちばん大切なのが、ボールの横におく足(立ち足)とボールの距離です。立ち足とボールとのあいだにグー(こぶし)1コ分が入るぐらい空けると、足をスムーズに振ることができます。

ボールと足のあいだにグーが入るぐらい

ボール1コ分空ける

立ち足とボールのあいだにグー１コ分ぐらいの距離を空けると、足を振るためのスペースができます

つま先はまっすぐに

つま先はねらったところへ、まっすぐに向けましょう。つま先の向いているほうにボールが飛びます

悪い例

立ち足がくっついている

立ち足がボールにくっついています。ボールをけるときにきゅうくつなので、足を振りづらくなります

つま先が外を向いている

まっすぐにけろうとしているのに、つま先が外に向いていると、ボールにパワーがうまく伝わりません

強いキックをするには？

腕の位置は時計の1時と8時

強いキックをするためには、足の力だけではなく、全身の力を使うことが大切です。とくに、ポイントになるのは手の位置です。ボールにインパクトするときは、腕を時計の1時と8時の方向にくるように動かしてみましょう。

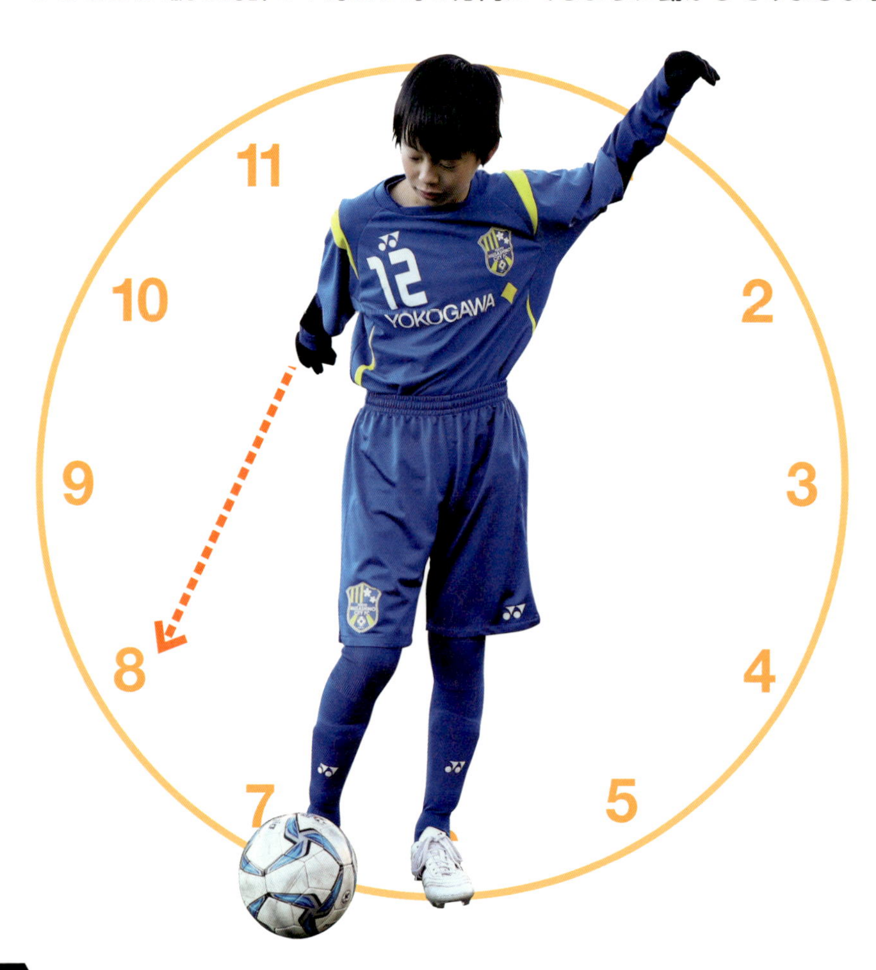

腕を使ってボールをけろう

1 ふみこむときに、手を時計の針のように1時と8時の方向に広げて、うしろにグーっとそらします

2 ボールにインパクトする瞬間は、ぞうきんをしぼるようなイメージで、上半身をひねりましょう

3 ボールをけったあとは、まっすぐに足を振りぬきます。腕をしっかり動かすと強いキックになります

ポイント

足だけでけるな！

こどもたちに「強いキックをしてみよう」というと、何メートルも助走をとりはじめることがあります。でも、力まかせにボールをけっても、強いキックができるわけではありません。足だけじゃなくて、全身の力を使ってけることがいちばん大事です。

part 1

まっすぐ飛ばすには?

おへそはボールの真上に!

まっすぐにボールを飛ばすためのポイントは2つあります。1つは、おへそがボールの真上にくるようにすること。もう1つは、つま先をけり出す方向に向けることです。キックをするときは2つができているかチェックしましょう。

おへそはボールの真上に

つま先はけり出す方向に!

ふみこむ瞬間は、おへそ（体の中心）がボールの真上にくるように、上半身をかぶせましょう

地面についているほうの足のつま先は、ボールをけり出したいと思っている方向にまっすぐに向けます

ボールにインパクトしたあとは、そのままけったほうにまっすぐ足を押し出して、パワーを伝えます

ポイント

けった方向に走りぬける

キックというのは、ボールにインパクトしたところで終わるわけではありません。けったあとに足を振りぬくこと（フォロースルー）も大事です。けった方向にそのまま走りぬけるイメージで、全身でボールを押し出しましょう。

遠くにけるには？

上半身をかぶせてインパクト！

ロングボールをけるときは、足を思い切り振りぬかないといけないと思っている人が多いかもしれません。しかし、遠くに飛ばそうとすればするほど、フォームがくずれやすくなるので、大事なポイントを忘れないようにしましょう。

足の甲でボールをたたく！

◯ 良い例

腕は 1時と8時

手は時計の1時と8時のほうに向けるイメージ。けり足をうしろに振る

ボールをしっかりたたく

上半身をかぶせながら、足の甲でボールの真ん中をインパクトする

けり足を前に出す

ボールをけったあとは、上半身をひねりながら、そのまま押し出す

アゴが上に……

ける前にアゴが上がっているので、ボールから目がはなれてしまう

体がうしろにたおれる

インパクトの瞬間に、体がうしろにたおれてしまっている

ボールが浮かない

しっかりインパクトできないので、ボールが高く浮かんでいない

インサイドキック

足の内側でボールを押し出す

サッカーの試合中にいちばん多く使うのが、インサイドキック。ボールに当たる足の面積が広いぶん、コントロールをしやすいので、近くの味方にパスをするときや、ねらったコースにシュートをけりたいときに向いています。

ボールの真ん中を押し出す

インサイドキックはボールを地面にころがすイメージ。土ふまずの上あたりにある骨のところにボールを当てましょう

ボールに対してまっすぐに走りこんでいきます。けり足は振り上げすぎないようにしましょう

ボールの横に立ち足をふみこんだら、股関節をひらいて、けり足のつま先を横に向けます

ボールを足の内側でインパクトします。土ふまずの上あたりにある骨のところに当てましょう

インパクトしたあとは、けり足をまっすぐに振りぬいて、ボールを押し出しましょう

インステップキック

足の甲で強く当てる

足の中でもっともかたい骨がある「甲」で当てるのがインステップキックです。しっかり当たれば、強くて、はやいボールが飛んでいくので、シュートを打つときや、遠くにボールをけるときなどに向いています。

インステップキックはまっすぐにボールを飛ばすイメージ。
足の甲の真ん中を力強くボールに当てることを心がけます

ボールに対してナナメから走りこんでいきます。体をナナメにかたむけながら足を振り上げます

腕を時計の１時と８時の方向に広げながら、足の甲（インステップ）でボールをインパクトします

インパクトしたあとは、上半身を内側にひねりながら、けり足をまっすぐに振りぬきましょう

ボールをけったあとは、体がぐらついたり、うしろにたおれたりしないように気をつけましょう

キックをうまくなろう!
7

インフロントキック

足の甲の内側でインパクトする

インフロントキックは、インサイドキックとインステップキックの中間のキックです。インパクトする面が大きいので、ボールを浮かしやすく、サイドからのクロスを上げたり、コーナーキックをけるときに使われます。

広い面で
ボールをとらえる

インフロントキックはボールを浮かせるイメージ。足の内側にあるかたい骨のあたりの広い面でボールをとらえます

ナナメうしろから助走をします。スピードをつけながら、けり足をうしろに振り上げます

体を立ち足のほうにかたむけることによって、けり足を外側から回しこみやすくなります

ボールと地面のあいだに足を差しこむようにインパクトすると、ボールが高く浮きます

けったあとに足をしっかりと振りぬくことで、ボールにパワーをあたえることができます

アウトサイドキック

足の外側でボールをけり出す

アウトサイドキックは、足の甲の外側でけるキックです。キックをするまでの動きが小さく、相手に読まれる前にパスを出すことができます。ドリブルをしながらのパスや、自分の外側にいる選手にパスをするときに使います。

アウトサイドキックは外にボールを押し出すイメージ。小指のつけ根にあるかたい骨のあたりでボールをとらえます

ボールに対して、ナナメうしろから助走をとります。ボールの軌道をイメージしましょう

立ち足はボールのややうしろにふみこみます。足のスイングがきゅうくつにならないようにします

足の甲の外側でインパクトします。ヒザから下をすばやく振って、ボールの中心からやや左下に当てます

小指が地面をこするイメージでフォロースルーすると、地面をころがっていく軌道になります

苦手な足でけるには？

力をぬいてリラックスする

苦手な足でキックをするときは、全身に力が入って、からくり人形のようにぎこちなくなりがちです。利き足と苦手な足では何がちがうのか。ボールをけりながら比べて、ダメなところを見つけてみよう。

○ 右足

× 左足

どこがちがう？

手の位置をチェック

立ち足をふみこんで、手を時計の1時と8時の方向に広げます

上半身をひねる

上半身をひねりながら、ボールの真ん中をインパクトします

けった足を振り上げる

けったあとは足を振りぬいて、フォロースルーをします

苦手な足でけるコツ

☆利き足と同じようにける

☆ゆっくりけってみる

☆自分のフォームをチェック

苦手な足でボールをけるときは、まずゆっくりやってみましょう。利き足よりもゆっくりした動きで、自分のフォームをかくにんしながらボールをけって、なれてきたら少しずつスピードを上げていくといいでしょう。ゆっくりとした動きでやることで「どこが悪いのか」も見つけやすくなります。

part 1

浮き球をけるコツは？

ボールを引きつけてインパクトする

サイドから上がってきたクロスや、相手に当たってはね返って高く上がったボールをけるときのキックです。さいごまでボールから目をはなさないで、落ちてくるタイミングに合わせてインパクトしましょう。

ポイント

足を当てるだけ！

浮き球は落ちてくるボールに勢いがあるので、当てるだけで強いボールが飛びます。大きく足を振り上げると、ボールの下をけってしまって、大きくふかしてしまったり、空振りしたりします。ボールをさいごまでよく見て、当てることだけに集中しましょう。

弓のように足をしならせる

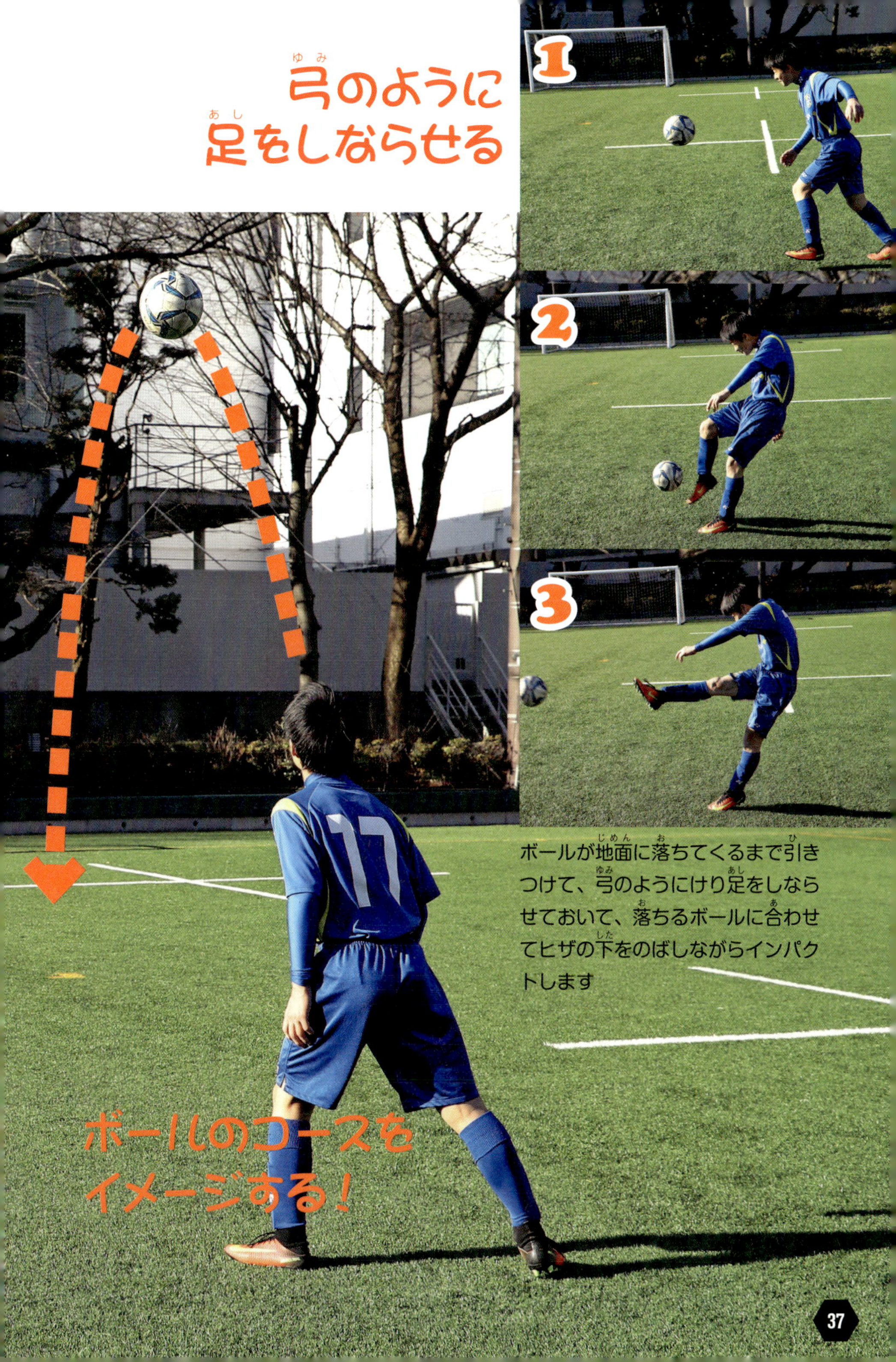

ボールが地面に落ちてくるまで引きつけて、弓のようにけり足をしならせておいて、落ちるボールに合わせてヒザの下をのばしながらインパクトします

part 1

バウンドしたボールのコツは？

ハンマーでたたくように！

横から向かってくるボールを、ボレーで合わせるキックです。バウンドしているボールをとらえるには、ボールを体の近くまで引きつけて、上からハンマーでたたくようにインパクトすることがポイントになります。

ボールを上からたたく！

ボールがバウンドした瞬間に、上からたたくようにけります。上からボールをたたきつけることで、低くて、スピードのあるシュートを打てます

ポイント

打ち急ぐのは×

チャンスだからといって、シュートを打ち急いでしまうと、ボールをせいかくにインパクトすることができず、ゴールの枠をとらえられなくなります。とくに、ボールの下をけって、ふかさないように気をつけましょう。

クリスティアーノ・ロナウド

（ポルトガル）

矢のような弾丸シュートといえば、クリスティアーノ・ロナウドの代名詞です。そのシュート速度はプロ選手の平均である時速100kmを大きく上回り、130kmに達するといわれています。

どうやったら、ロナウドのような強烈なシュートを打てるのでしょうか？

マンチェスター・ユナイテッド時代の恩師であるアレックス・ファーガソン監督によれば、ロナウドは毎日残ってシュート練習をしていたそうです。

ボールのどこをけったら、どう飛ぶのか？　軸足の位置はどこが良いのか？　けり足はどのぐらい振り上げるのがいいのか？

1本1本たしかめながら、いろいろなシュートをけってきた、その積み重ねがスーパーゴールを生んでいるのです。

part 2

コントロールをうまくなろう！

試合に向けて
チームで練習中の
マナブくん
それっ!!
バシィッ

おー！
ビシッ
マナブくん
キック上手に
なったなー
いやー
それほど
でもー♪
スゲー

よし！
今日の練習はマナブくんに
ボールを集めよう !!
おーーっ!!
ドキッ
え？

ソレ！
マナブくん!!
バシッ

ナイストラップを見せてくれワーン!!
どうしよう…
カッチ
コッチ
どうしよう…

カチーーン
バチッ
ズコー

うまくやらなきゃと思うとキンチョーでカチカチになっちゃうよ～
う～～

わ～～～っ!!
まずは体の力をぬくところからはじめるんだ!!
すてーーん
バゴーーン

ビックリ
した〜
ふにゃ〜〜
トン
トン
どうだい!
体の力は
ぬけたかな?
リラックスできた
ところで3つの
ポイントだ!
このポイントを
おぼえてメッシみたいな
ボールコントロールを
目指そう!!

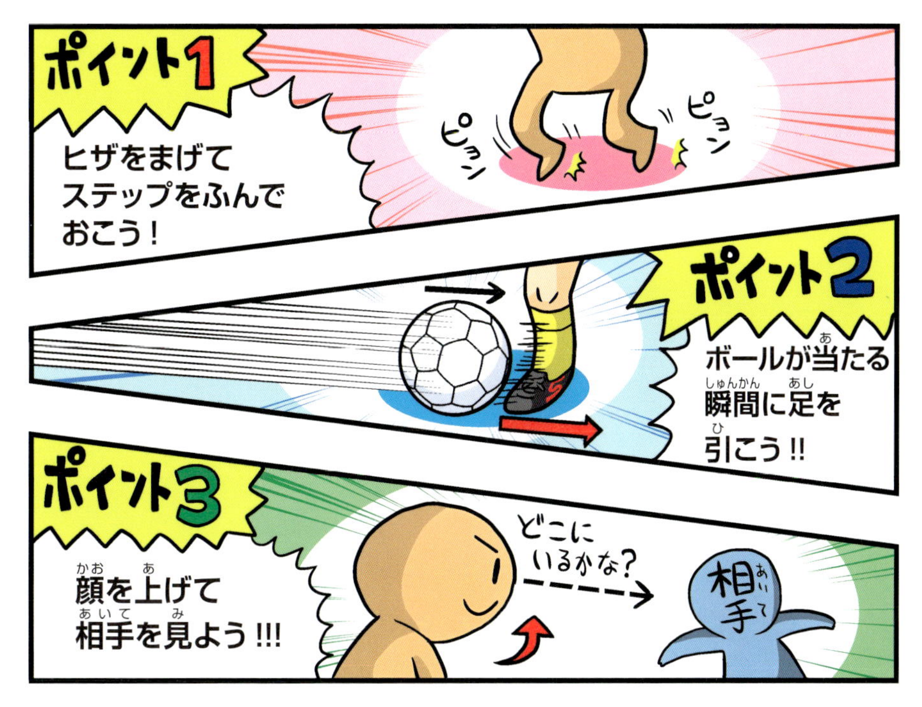
ポイント1
ヒザをまげて
ステップをふんで
おこう!
ピョン
ピョン
ポイント2
ボールが当たる
瞬間に足を
引こう!!
ポイント3
顔を上げて
相手を見よう!!!
どこに
いるかな?
相手

3つの
ポイント…
それじゃあ早速
やってみよう！
よしっ

いくぞ
マナブくん!!
ビビッ

ヒザを
まげて
ステップ!!
タタ
タン
ボールが当たる瞬間に
足をひく!!
スッ
顔を上げて
相手を見る！
バッ

パシッ

やったー
しっかりボール
コントロールできたー!!
ワンダフル!!

コレでどんな
ボールが来ても
大丈夫だ!!
ウン!!

こんどの試合でも
バシバシ パスを
うけるぞー……
ぬっ

スキあり!!
あっ!!
スパッ
……まだまだだなぁ

ボールを止めるには?

スポンジになったつもりで!

自分の体がスポンジになったつもりで、ボールの勢いを吸収するのが、うまく止めるためのポイントです。さいしょのうちは力が入ってしまうかもしれませんが、ボールが来るまえに深呼吸をして、体の力をぬきましょう。

ボールが来るまえに深呼吸をする

リラックスしながら、ボールを止めるかまえをつくります

ボールの勢いが吸収されて、ピタッと止まります

体がぼう立ちになったままでボールを止めようとすると……

ボールの勢いに反発して、足ではじいてしまいます

ポイント

インサイドキックの姿勢で！

ボールを止めるときは、インサイドキックをけるときの姿勢をつくってみましょう。両足をかるくひらいて、ヒザをかるくまげて、飛んできたボールをやさしくうけ止めます。

part 2

足の動かし方は?

ボールに合わせてスーッと引く!

コントロールが上手な選手の足もとをみていると、ボールが来る瞬間に、足をスーッと引いていることがわかるはずです。ボールのスピードに合わせて、足を動かすと、クッションのように吸収できます。

タイミングを合わせよう!

グラウンダーのボールが足もとに向かってきます。足をかるくひらいて、ヒザをまげて、ボールをむかえます

ボールが近づいてきたら、足を浮かせます。インサイドキックをける場所に当てて止めるイメージです

ボールが足にふれます。このとき、その場で止めようとするのではなく、ボールに合わせて足を引きます

足を引くことによって、ボールの勢いを吸収できたので、足元にピッタリと止まります

part 2

コントロールをうまくなろう!

3

強いボールが来たら?

足を動かしてリズムをとろう

強いボールが飛んでくると、びっくりしてミスしてしまうことがあります。そんなときは、ボールが来るまえに小さくステップをふんでおきましょう。足を動かすとリズムがとれるので、強いボールも止めやすくなります。

カカトをちょっと浮かせておく!

足ぶみをすると、自然とヒザがまがって、ボールをうけやすい姿勢になっています

強いボールが向かってきても、すばやく足が出るので、ピタッと止めることができます

ぼう立ちになっていると、飛んでくるボールへの反応スピードがおくれてしまいます

ボールをむかえる姿勢ができていないので、はやいボールを止めることができません

ポイント

電源をオンにしよう！

ぼう立ちになっているのは、たとえるなら、スマホの電源をオフにしているようなもの。プレー中はつねに電源をオンにしておき、いつでも起動できるようにしておきましょう。

すぐにけるには?

けりやすいところに止める!

コントロールというのは、ボールを止めたところが“ゴール”ではありません。次のプレーをすばやくできる場所に止めるのが、良いコントロールです。自分がけりやすい場所に、ワンタッチでおくことを心がけましょう。

ボールが来るまえに次のプレーのイメージをもっておきます

右足でけるために、右足のナナメまえにボールを止めます

ボールを止めたあとのプレーをイメージできていません

何もかんがえずに、とりあえずボールを止めますが……

ただ止めるだけじゃ×

ボールをちゃんと止めつつも、それだけで満足するのではなく、次のプレーをイメージして、自分がけりやすい位置にコントロールするしゅうかんをつけましょう。ストップウォッチでボールを止めてからけるまでの時間をはかってみてもいいでしょう。

次のプレーのイメージをもつ！

1ステップをふむだけで、すぐにボールをけれる体勢です

ボールを止めてから時間をかけずにけることができます

足からボールがはなれたぶん、けるまでに時間がかかります

相手にプレッシャーをかける時間をあたえてしまいます

あわてないためには？

顔を上げて相手を見る

ボールを止めるときに、相手によせられるとあわててしまうことがあります。あわててしまうのは、ボールばかりを見てしまっているからです。顔を上げて、相手がどこにいるか、よせてきているかを見ることが大事です。

顔が上がると相手も見える

ボールばかりを見ていると……

顔が上がっている

顔が下がっている

ポイント

ボールをしっかり止める！

顔を上げることは大切ですが、マークの相手ばかりに気をとられると、かんじんのボールをしっかり止められず、イレギュラーしてしまうことがあります。ボールを止める瞬間は、ボールをしっかりと見ましょう。

part 2

相手と距離が近いときは？

コントロールで動かしましょう

相手にとってボールをコントロールする瞬間は、ボールをうばいにいくチャンスでもあります。ボールを見るために下を向いて、視野がせまくなっているところで距離をつめてきたら、ボールを止めずにかわしましょう。

コントロールする瞬間は
相手にとってうばうチャンス！

味方からのパスをコントロールしようとしています。そこへ相手が一気に距離をつめてきます

相手がどの方向からよせてきているのかを、ボールが来るまえにかくにんしておきます

ボールを止めずにスペースにコントロール。ボールをねらって飛びこんできた相手と入れかわります

ポイント

ボールは止めなくてもよい！

ボールが来るまえに相手のじょうたいをかくにんしておくことが大切です。足もとにボールを止めると見せかけて、スペースに動かしましょう。

胸トラップ

やさしくボールをうけ止めよう

浮いているボールをすばやくコントロールするために、胸をクッションのようにする「胸トラップ」をおぼえましょう。ボールの落下に合わせて、ボールの下に体をすべりこませて、クッションのようにうけ止めます。

真ん中より外側

胸の真ん中よりも外側に当てると、ボールの勢いを吸収できます

胸の真ん中

胸の真ん中に当てると、骨があるかたいところに当たるので、はねやすくなります

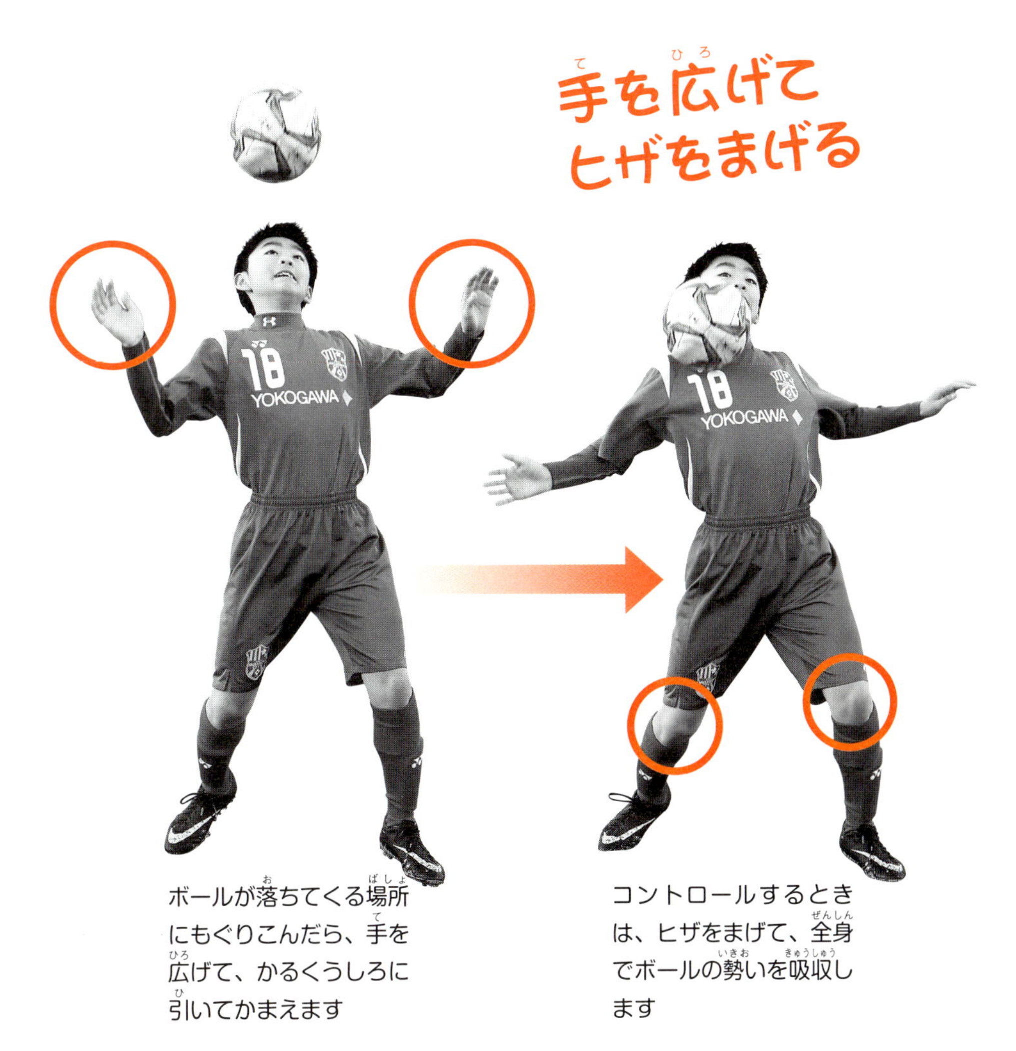

手を広げて ヒザをまげる

ボールが落ちてくる場所にもぐりこんだら、手を広げて、かるくうしろに引いてかまえます

コントロールするときは、ヒザをまげて、全身でボールの勢いを吸収します

ポイント

真ん中は痛い！

胸トラップは、胸の真ん中でボールを止めるものだとかんちがいしがちです。でも、胸の真ん中は骨があってゴツゴツしているので、ボールが当たるとはじくし、痛いです。胸の外側に当てるようにしましょう。

ももトラップ

浮き球をももで落とす

ももトラップは、ひざぐらいの高さにあるボールをコントロールするためのテクニックです。ももを上げると、ボールがはねてしまうので、ボールに合わせて、ももをスッと引いて、下に落とすことがポイントです。

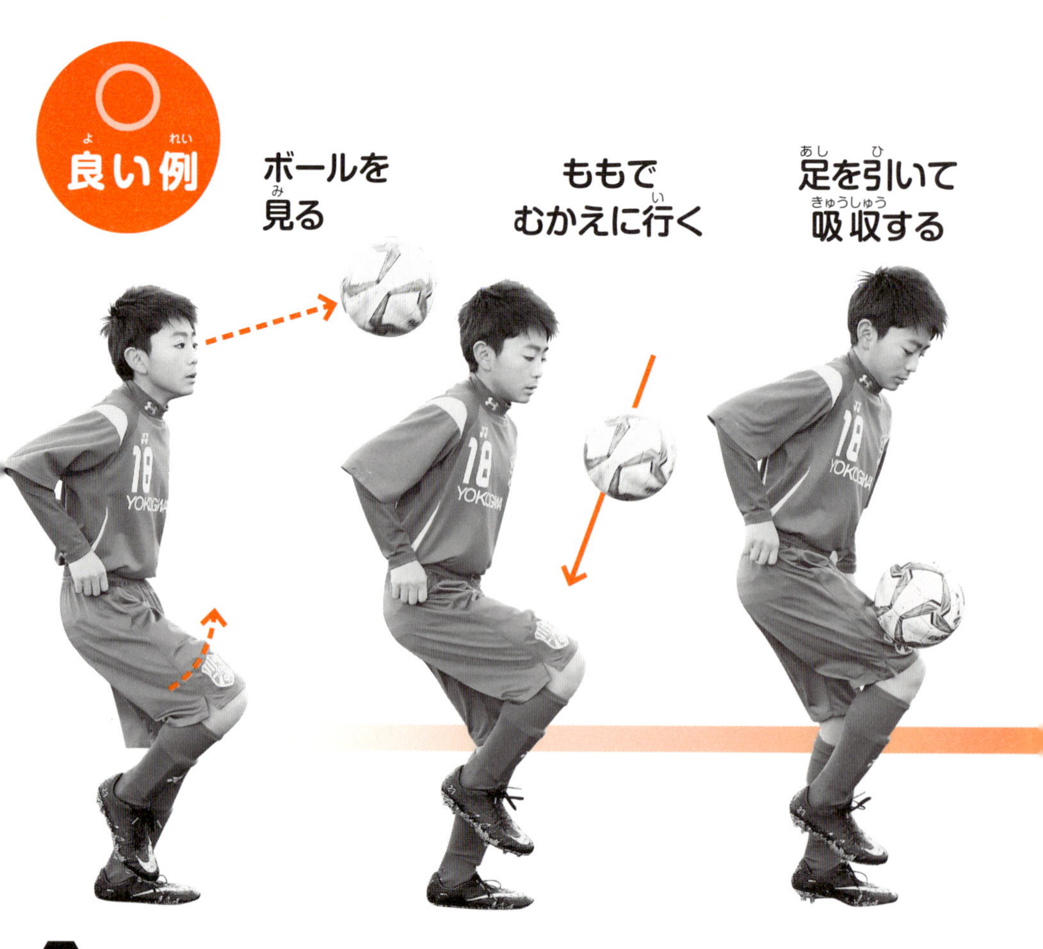
良い例
ボールを見る
ももでむかえに行く
足を引いて吸収する

ヒザに当たると はねてしまう

よくあるミスが、ももを高くあげて、ヒザに当たってしまうことです。かたい骨があるヒザにボールが当たると、勢いがついてボールがはねてしまいます。

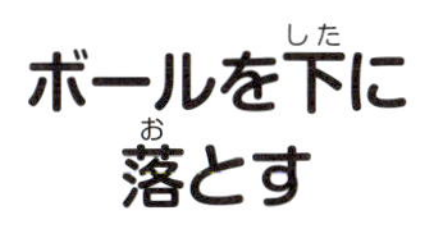

リフティングとは別物！

リフティングでももを使うときは、ポンと上にはじくイメージがあるかもしれませんが、ももトラップでは、下に落として、すぐにボールをおさめましょう。そのほうが次のプレーにすばやくつなげることができます。

インサイドトラップ

広い面にボールを当てる

浮き球をインサイド（足の内側）でトラップするテクニックです。ボールに当たる面が広いぶん、自分のイメージしたところに落としやすく、せんさいなコントロールができます。相手との距離があるときにトライしましょう。

良い例　平らな面をつくる

足を高く上げて、インサイドで平らな面をつくります

インサイドにボールを当てて、かるく引きます

自分の足もとにボールがストンと落ちてきます

相手が遠いときにトライしてみよう

インサイドでのコントロールは、もものトラップに比べると、足を動かさなければいけないので、次のプレーにうつるまでに時間がかかります。そのため、相手との距離が近いときはよせられてしまうので、相手がはなれていて、ちょっとよゆうがあるときに行いましょう。

ナナメの面をつくる

ボールに対して、足の面がナナメになっています

ボールの勢いを吸収できません

足に当たったボールが体からはなれてしまいます

コントロールをうまくなろう!
10

つま先トラップ

つま先にのせて ボールを落とす

つま先に浮き球をのせて、そのままスッと落とすテクニックです。相手が近くにいるときに、ボールをはずませてしまうと、プレッシャーをかけられてしまいますが、つま先トラップをおぼえれば、浮き球を自分のボールにできます。

つま先で
キャッチする!

浮き球が落ちてくる場所に合わせて足を浮かせる。ボールにさわらない足は、かるくまげる

つま先にボールがのったら、卵をコントロールしているようなイメージで、やさしく足をおろします

ボールが地面に落ちます。グラウンドにはずんだときの音がしないぐらいをめざしましょう

ポイント

相手をつけてやってみよう

つま先コントロールはフリーだとうまくできるのに、相手がいるとあせってしまってミスをしやすい。まずは1人でやってみて、なれてきたら相手をつけて、プレッシャーを感じながらやってみよう。

たたきトラップ

バウンドしたボールを止める

ボールがはね返った瞬間（ショートバウンド）に、上から足をかぶせながら当てるというトラップです。タイミングを合わせられないと、変なところに当たったり、ボールにさわれなかったりするのでコツをつかみましょう。

ボールが
浮いたところを
上から
たたきつける

浮き球が落ちてきます。ボールをよく見ましょう

落ちるボールに対して、ヒザを上からかぶせます

ボールがはねたところを、上からたたくようにタッチ

すばやくボールの方向にいどうしていきます

ポイント

練習あるのみ!

ボールを見る→バウンドのタイミングをはかる→ヒザをかぶせて上からボールをたたく。この3ステップを頭において、たくさん練習しましょう。

　リオネル・メッシといえば、次々と相手をかわしていくドリブルを思い出すでしょう。ただ、ドリブルと同じくらいすごいのは、どんなボールでもピタッと止めてしまうトラップです。

　相手にとってトラップをする瞬間はボールをうばうチャ

リオネル・メッシ

（アルゼンチン）

ンスです。ボールが足からはなれたところをねらって、距離をつめていきます。ただ、メッシはボールが足からまったくはなれません。

パスのスピードはどれぐらいか？　浮いているか、ころがっているか？　カーブはかかっているか？　メッシはボールの種類に合わせて、さまざまなコントロールをします。

どんなにドリブルがうまくても、ちゃんとボールを止められなければ、自分の武器を出せません。メッシのようなトラップができるようになりましょう。

part 3

ドリブルをうまくなろう！

ワー
ワー

……やっぱり
ネイマールのドリブルは
すごいなぁ～

それにくらべて…
ドリブルで相手をぬけない！
バシッ

ボクにはドリブルの
才能(さいのう)が
ないのかな〜…
ハ〜〜

そんなことないぞっ!!
ドーーーッ
わ〜〜〜

よいしょっと
ぬっ
戸田監督(とだかんとく)…

ドリブルで相手(あいて)を
かわすにはコツが
いるんだ!

それじゃあ
3つのポイント
いくぞ!!
バーンッ

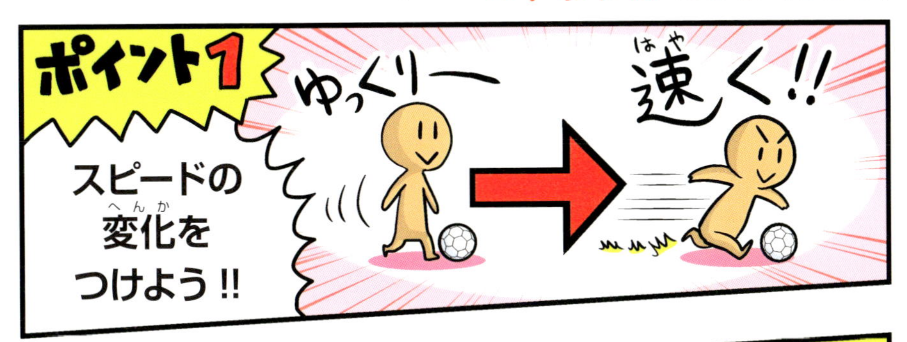
ポイント1
ゆっくりー
速く!!
スピードの変化をつけよう!!

ポイント2
重心
DFの重心を見て逆をつこう!!

ポイント3
サッ
ぬいたあとは相手の前に体を入れよう!!

さっそく練習だ!!
オレが相手だワン
よーし!!

いくぞーーーー！
ダッ

ドリブルのスピードに…
ゆっくりー

変化をつける!!
速くっ!!
ダッ

ワンとっと…
グラッ

DFの重心を見て逆をつく!!
ダダッ

ぬいたあとは相手の前に体を入れる!!
サッ

シュート!!
バチイィッ
ビシッ

やったー
できたー!!
ワンダフルー

試合でも自信をもって
ドンドン仕かけよう！
ハイッ!!

サッカーも
いいけど…
学校の宿題
もしっかり
やりなさいよ
母ちゃん！

ゆっくり〜〜

あっ!!
にげた!!
…完全にドリブル
のポイントをモノに
してるワン…
速くっ
ビュ

ドリブルをうまくなろう!

1 ドリブルのやり方は?

相手との距離でタッチをかえる!

ドリブルのタッチには大きくわけて 2 種類あります。インステップ（足の甲）でボールを前方にけり出すタッチと、インサイド（足の内側）でボールから足をはなさずにはこんでいくタッチです。相手との距離で使い分けよう。

相手との距離が遠い

インステップ

足の甲でボールをけり出す!

カカトを浮かせてタッチします

相手との距離が近い

インサイド

足の内側でボールを引きずる!

インサイドにくっつけます

相手をよく見よう！

相手が遠くにいても近くにいても同じようにドリブルをすればいいわけではありません。インステップはスピードにのりやすいぶん、ボールが足からはなれやすくなります。インサイドは細かいタッチができますが、そのぶんスピードにのりづらくなります。

ボールの持ち方をかえる！

ボールをかるくけって前に出します

スピードを上げてボールを追いかけます

ボールを体のうしろからもって来るイメージ

ボールに合わせて体を移動させましょう

part 3

まわりを見るには?

顔を上げてドリブルする!

ドリブルしているときに、顔が下がっていると、ボールしか見えないので、相手がどこにいるか、スペースがどこにあるかがわかりません。プレッシャーをかけられても、気づくのがおそくなるので、ボールを失いやすくなります。

顔が下がっている	顔が上がっている
相手の位置がわからない	相手の位置がわかる
スペースがわからない	スペースがわかる
ドリブルしかできない	ドリブル以外の選択肢がもてる

顔が下がるとまわりが見えない!

やってみよう!

腕を体のうしろで組んで、背筋をのばした「気をつけ」の姿勢になります

ボールが見えづらいので、さいしょはスピードを落としてドリブルしましょう

顔を上げて、前を見ながらドリブルをするくせをつけるトレーニングです

顔を上げるくせをつけよう

ドリブルをしているときに顔が上がっていれば、相手がよせてくるのが見えるので、ボールを失いづらくなります。どこにスペースがあるのか、どこに味方がいるのかも見えるので、プレーの選択肢が増えます。

part 3

スピードにのるには?

腕を振って勢いをつける!

体育の授業で「はやく走るには、腕をしっかり振ろう」と言われたことはありませんか? 腕を振ると、上半身の力で体が前に進むので、ドリブルのスピードも上がります。すぐに相手に追いつかれてしまう選手は、腕を振ってみましょう。

スピードにのったドリブルは腕が大事!

やってみよう!

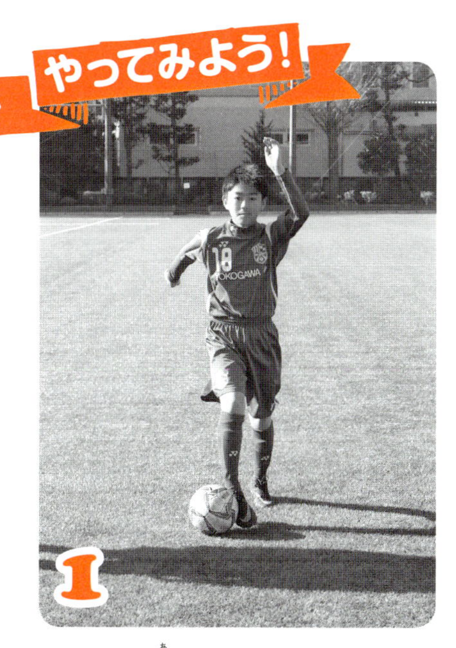

スキップに合わせてボールにさわって、ドリブルのリズムをとります

ボールはインステップ（足の甲）でさわりながら、間接視野で確認します

手を大きく動かすと、自然と上体が起き上がって、顔が上がります

ポイント

船のオールをこぐイメージを！

ボートにのったことがある人はわかるかもしれませんが、前に進んでいくためにはオールで水をこぎます。走るときの腕は、ボートのオールの役割をはたします。大きく、強くこぐことによって、スピードが上がります。

相手を振り切るには？

スピードの緩急をつける！

ドリブルで相手をぬくときに、もっとも重要なものが「緩急」です。ドリブルはずっと同じスピードでは相手に読まれてしまいます。ゆっくりドリブルすると見せかけて、いきなりスピードを上げると、相手はついてくるのが遅れます。

ドリブルのポイントは

使い分け

ずっと同じスピード

→相手に読まれる

スピードに変化をつける

→相手をかわせる

ポイント

発進と停止をくり返す

緩急をつけたドリブルというのは、車にたとえるなら、100kmのスピードで飛ばしていたところから、一気に停止して、またすぐに100kmに上げるようなものです。これができればフェイントをかけずに相手をぬけます。

追いつかれないためには?

ぬいたあとは相手の前に入る!

せっかくぬいたのに追いつかれてしまう選手は、ドリブルのコースどりをかえましょう。相手をぬいたあとは、ちょっと寄り道をして、相手の前に入ります。そうすれば、相手は体をぶつけられるので、追いつかれにくくなります。

相手の前に入る

まっすぐ進む

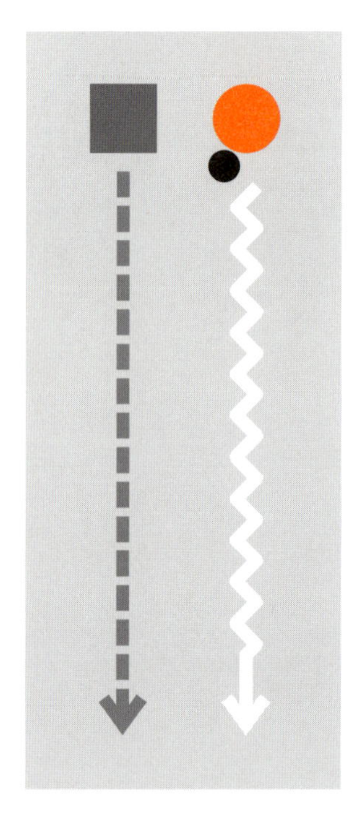

相手の前にわりこむ

相手と並びながらドリブルをしているときは、まっすぐ進むのではなく、相手の前に体を入れます

自分の体でブロックする

相手の前にコースをとってしまえば、自分の体でボールをブロックできるので、ゴールに向かえます

ポイント

コースどりが大事！

ドリブルで相手をブロックするためには、手と足の使い方がポイントです。手を広げて、相手が前に出て来ないようにしてから、相手に近いほうの足をわりこませます。ただしファウルにならないように気をつけましょう。

逆をつくには?

相手の体重のかかり方を見よう!

1対1でドリブルを仕かけるときは、相手の重心の逆をつくことが大切。相手の体重がかかっているほうにボールをはこんでも追いつかれてしまいます。相手の体重がかかっていないほうにボールをはこぶことを心がけよう。

DFの重心を見る

重心の反対にボールをはこぶ

相手の重心が左足にのっているときは、右足のほうにボールをはこべば、逆をつくことができます

相手の足の横にボールを通す

相手は左側に体重がのっているぶん、右にボールを通されると、足をのばすことができません

ポイント

体や顔で「演技」をする！

1対1のドリブルを仕かけていくときは、どれだけリアリティのある演技ができるかが大事です。上半身やステップでフェイントをしたり、行きたい方向とは逆を見たり、相手の重心をわざと動かすような工夫をしましょう。

キックフェイント

リアルな演技で相手をだまそう!

ゴールをねらえる場所でとても有効なのがキックフェイント。キックをするようなモーションで相手をだまして、けらずに切り返します。相手が体を投げ出してブロックしようとしてくれれば、完全に入れかわることができます。

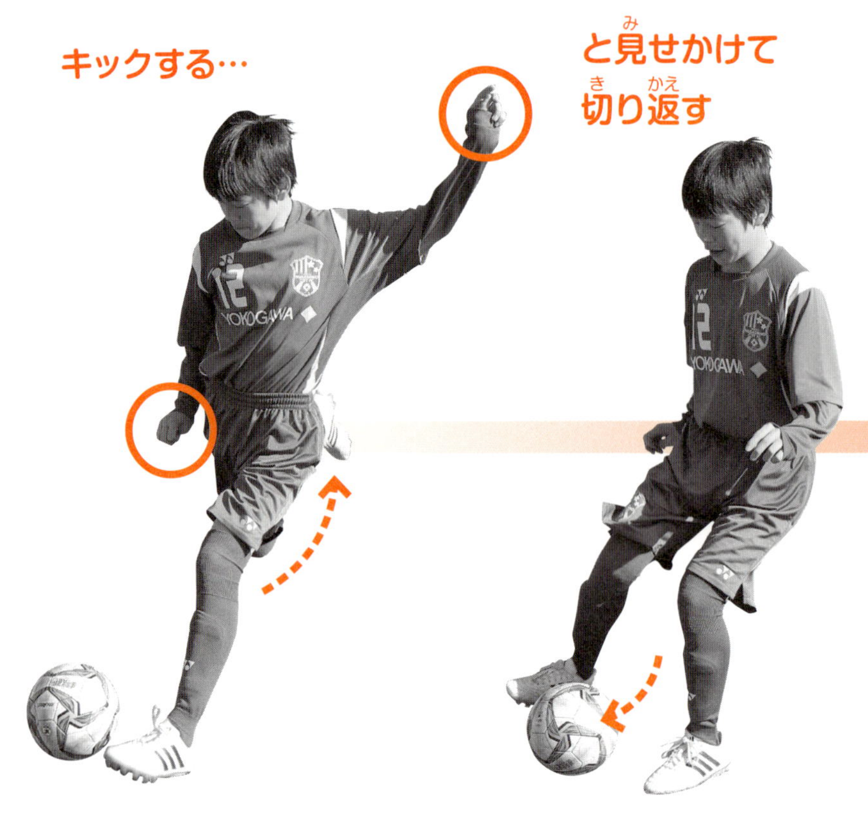

体を大きく使って相手に「けってくる」と思わせます

相手が飛びこんできたら、けらずにボールを切り返す

キックモーションで相手の重心が左にうつっています

ブロックしようと足を出してきた瞬間に切り返します

ボールをけると見せかけて切り返す!

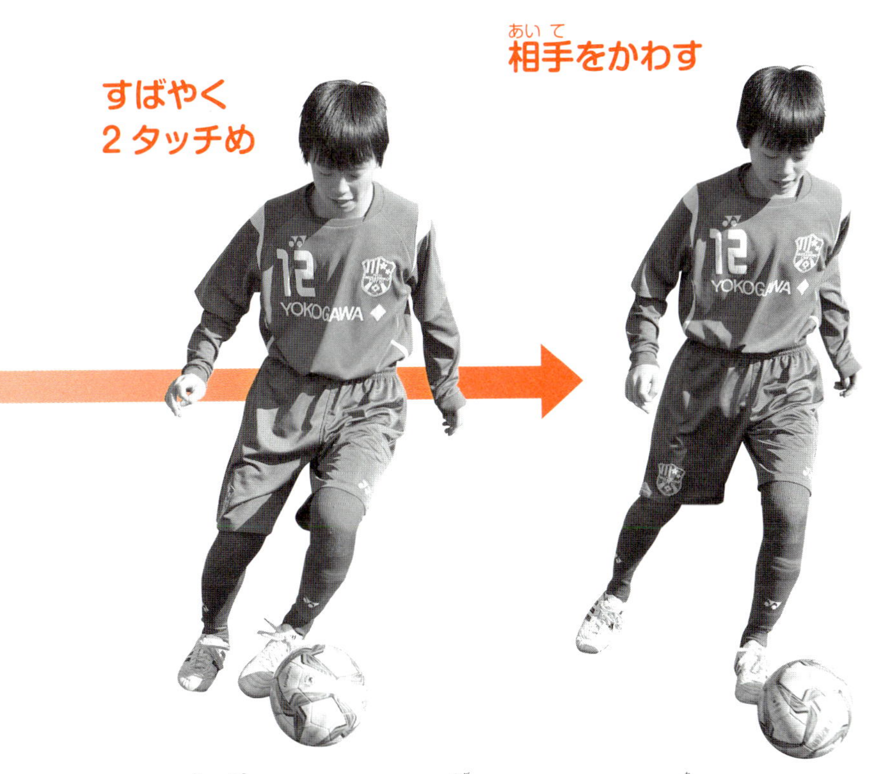

切り返したあとは、すぐに次のタッチをしましょう

スピードを上げて、かわした相手をおきざりにします

ステップフェイント

大きなステップで相手を動かす!

ステップフェイントはボールを真ん中においたまま、左右どちらかに足をふみ出し、「行くぞ」と見せかけて、相手を動かします。相手がどちらかの足に重心をかけたら、ふみ出した足とは逆の足でボールをはこびます。

1 まっすぐ相手に向かっていく

目の前の相手に向かいながらフェイントのタイミングをはかります

2 右に行くフェイント

ボールは真ん中においたまま、右足を外側に大きくふみ出します

ボールはおへその下におく

ボールはフェイントを仕かけているときも、おへその下におきましょう。右足、左足のどちらでステップをしても、真ん中にボールがあれば、すばやく次のタッチができます。ドリブルをしながら、相手の重心がどうなっているかを見ておくことが成功のコツです。

相手の重心の逆をつく！

相手の逆をついて左へ！

相手の重心が左側にうつった瞬間、左足でボールを押し出します

スピードにのって入れかわる

相手は左足に体重がのっているので、右足を出すことができません

シザーズフェイント

ボールをまたいで相手をだまそう!

シザーズは「ハサミ」という意味です。日本では「またぎフェイント」と呼ばれ、ブラジル人選手が多用します。ボールを外側にもち出すと見せかけてまたぎ、相手の重心がまたいだほうにかかったら、すばやく逆をつきます。

シザーズとは ハサミ

ドリブルを仕かけていきます。右足のナナメ前にボールをおいて……

右足のアウトでさわると見せかけて、すばやくボールの前をまたぎます

相手がフェイントに引っかかったら、左足でボールを押し出します

またいだ足で地面を強くける！

またぐ→足をもどす

ボールをまたぐ動作がぎこちないと、フェイントの効果はうすれます。まずは相手をつけずに1人でボールをまたいで、足の動かし方をおぼえましょう。ボールをまたいだあと、逆方向にもち出すまでのスピード感も大事です。

ボールを守るには?

相手とボールのあいだに自分の体を入れる

相手を背負ってボールをもったときは、相手とボールのあいだに自分の体を入れることがポイントです。自分の体でブロックすると、相手は足を出しづらくなります。相手にかこまれてもボールを失わない選手になりましょう。

相手から遠い位置におく

相手から遠いほうの足もとにボールをおけば、足をのばしてきたとしても、よゆうをもってキープできます

相手
自分
ボール

相手とボールのあいだに体を入れて、相手が足を出そうとしてくるのをブロックします

コンタクトスキルも必要！

サッカーは相手がいるスポーツなので、相手が体をよせてきたときにはね返したり、かわしたりする「コンタクトスキル」も必要になります。手や体、お尻、足など体のいろいろなところを使って、ボールを相手にうばわれないように守りましょう。

悪い例

相手から近い位置におく

相手に近いほうの足もとにボールをおいていると、相手がよせてきたときにブロックすることができません

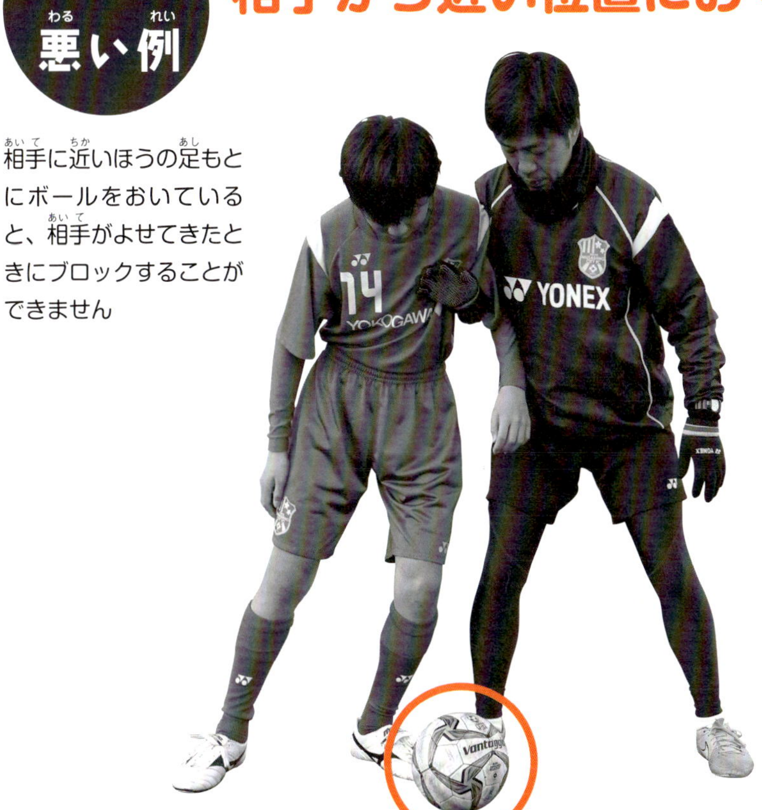

うしろに相手がいるときは?

手を使って自分の間合いをつくる!

ボールキープがうまい選手は、足だけでなく手もうまく使います。相手が自分の間合いに入ろうとしたら、手でブロックして距離をとる、背後に相手がいるときは、のばした手をセンサーがわりにするなど、手はとても重要です。

自分のスペースを確保しよう

相手が体をよせてきたときは、体を入れると同時に手をうまく使えば、自分のプレーするスペースを確保できます

見えなくても相手を感じられる

相手が自分のうしろにいて直接見えないときは、手をのばしてさわれば、どこにいるかがわかります

手の平ではなく、手の甲を使うと、相手をおさえるパワーが出せません

ポイント

しっかりブロックしよう！

相手がボールをうしろからうばいに来たときは、相手のことが直接見えていなくても、手でさわれば位置や距離を感じることができます。それによってボールの動かし方や、次にどんなプレーをするかを考えましょう。

相手が追いかけてきたら?

手でブロックして前に入らせない!

ボールを前にはこんでいるときや、サイドでドリブルをしているときに、相手が走って追いかけてくるシーンがサッカーではよくあります。そんなときは、相手を前に入れさせないように、うまく手を使ってブロックしましょう。

相手に並ばれてしまうと、足を出されたり、スライディングされたりするので、相手が入ってこられないように手でブロックする

手を使って通せんぼする!

左手でブロック

相手に並ばれてしまうと、足を出されたり、スライディングされたりするので、相手が入ってこられないように手でブロック

相手が移動する

相手が背後で動いています。手で相手の体をさわって位置をたしかめます

右手でブロック

相手が右側からボールをうばいに来たら、右手でブロックします

腕をしっかりのばす

相手をブロックするときは腕をしっかりのばすことが大事です。ヒジがまがっていると、相手との距離が近くなるので、回りこまれやすくなってしまいます。

体をぶつけてきたら?

腰を落として お尻でブロック!

マークを背負ってボールをキープしているときに、体をぶつけられて、バランスをくずしてしまうことがあります。ボールをとられないためには、腕だけではなく、下半身をしっかり使って、相手をブロックすることが必要です。

相手を背負ったら腰を落とす!

腰を落とす

腰を落としてバランスをたもちます

ぼう立ち

ぼう立ちになるとバランスがくずれます

ポイント

相手の勢いを利用しよう

ボールをとられないことが最優先ですが、それだけでなく、チャンスがあればターンをねらってみましょう。相手がピッタリと体をくっつけてきているときは、その力をうまく利用すればスルッと入れかわることができます。

相手をはじき飛ばそう！

低い姿勢からつき上げるように当たると当たり負けしません

当たり負けしないコツはお尻

骨のかたいところをグッとつき出して、相手をはじき飛ばします

ネイマール

（ブラジル）

ブラジル人らしい、リズムにのったステップと、トリッキーなフェイント。ネイマールのドリブルは世界中のこどもたちのあこがれです。

ボールをもっているとき、ネイマールはまるでイタズラ小僧のようになります。わざと相手が届きそうなところにボールをおいて、足を出してきたら先にさわって入れかわる。スピードを落として、ゆっくりとボールをもちそうな雰囲気から一気に加速して振り切る。相手はわかっていても、ネイマールのワナに引っかかります。

ブラジルの選手(せんしゅ)たちは、こどものときに大人(おとな)にまじってストリートサッカーをしています。相手(あいて)は自分(じぶん)より大(おお)きいので、まともに戦(たたか)っても勝(か)てません。そのなかで、どうやって相手(あいて)をだますかを身(み)につけるのです。

ネイマールがどんなかけ引(ひ)きをしているかにも注目(ちゅうもく)してみましょう。

part 4

ヘディングをうまくなろう！

今日も練習中のマナブくん
ワー ワー ワー

ポーーン
それ！

ヘディングでクリア
だワン　マナブくーん !!

……えーーーい !!
ぴょ〜〜ん

バチ〜〜ン

…ヘディングって
ニガテなんだよ
なぁ…
イタタタ…

バサァッ
それならヘディングの
コツを教(おし)えよう!!
うわー

ヘディングのコツを
おぼえて
セルヒオ・ラモス
みたいな
ヘディング名人(めいじん)を
めざそう!!

それじゃあ
3つのポイントだ!!

ポイント1
落下地点に先に入ろう!
このへんに落ちてくるな…

ポイント2
じっ
ボールをさいごまで見よう!!

……でもボールが頭に当たると痛いからつい目をつぶっちゃうんだ…
大丈夫!

そういう子のためのポイント3だ!

ポイント3
ボールをおでこに当てよう!!
おでこに当てたら痛くないんだ!!

この3つのコツをおぼえてさっそくやってみよう!!
おでこ…
おでこ…

それっ!!
バシッ

落下地点に先に入る!
ササッ
このあたり…っ!

痛いのコワイけど…
ボールをさいごまで見る!!

おでこにあてる!!!
バチッ

ドカーン
痛くない!!
スゴイワーン

ヘディングってきもちいい!!
ワンダフル!!
スゲー

ボールをこわがらずに試合でもガンガンヘディングしていこう!!
ハイッ!!

…そういうオレは実はヘディング大キライなんだけどね…
ウソー？
ズコッ

頭のどこに当てる?

当てるポイントはおでこの真ん中!

横に外れたり、うしろに行ったり……。ヘディングをうまくできないのは、ボールに当てるポイントがバラバラになってしまっているからです。頭のどこに当たれば、まっすぐにボールが飛んでいくかを、しっかりおぼえましょう。

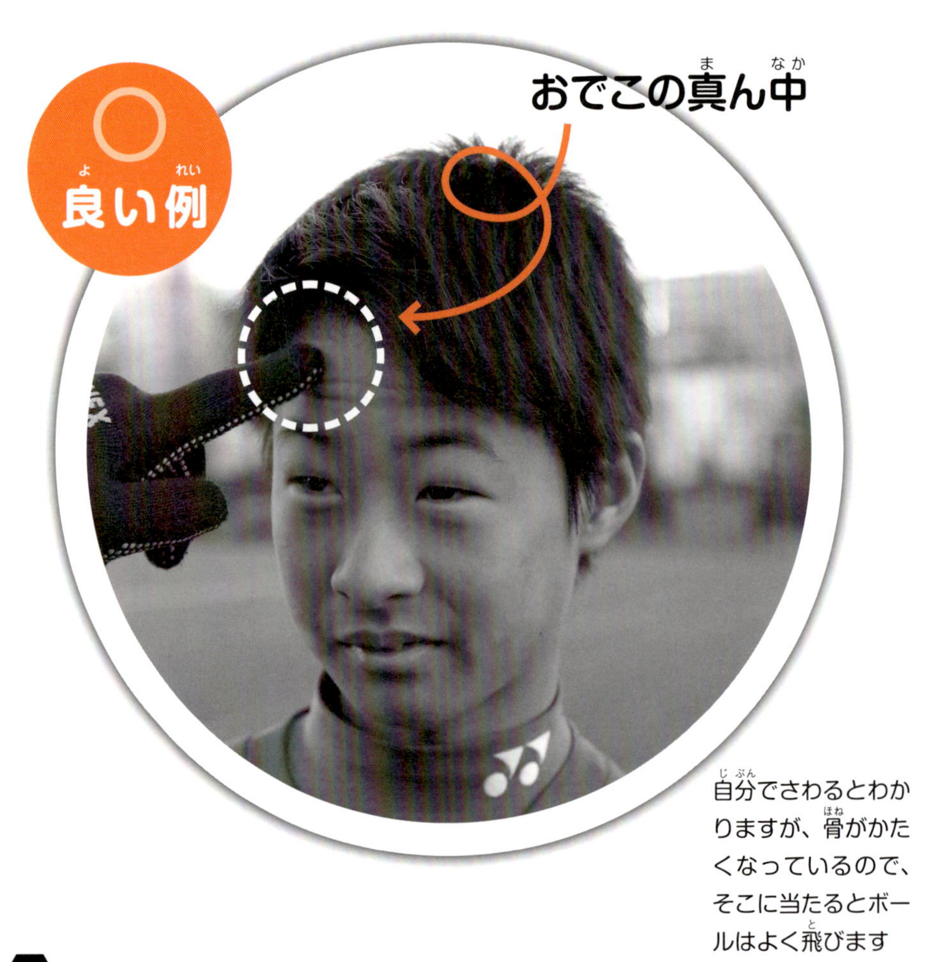

自分でさわるとわかりますが、骨がかたくなっているので、そこに当たるとボールはよく飛びます

ボールをつけてみよう！

コーチやともだちに
ボールをもってもらって、どこに当たるかを
チェックしよう

悪い例

てっぺん

ボールをこわがって目をつむってしまうと、頭のてっぺんに当たりやすくなります

こめかみ

ボールに当てる瞬間に顔をよけてしまうと、目の横（こめかみ）に当たります

ポイント

ヘディングは痛くない！

ヘディングで痛い思いをするのは、ボールをちゃんと見れず、変な場所に当たっているからです。ボールをよく見て、正しい場所に当てれば、意外と痛くありません。

ちゃんと当てるには？

目をつぶらないでボールを見よう！

ヘディングをするときに大事なのは「ギリギリまで目をつぶらない」こと。ボールをちゃんと見ていないと、頭に当てるポイントがずれて、ねらったところに飛ばせません。目をつぶらないことが、良いヘディングの第一歩です。

ボールはこわくない！

ボールに当てるときに目を開けていると力が入りません。当てるときは目をつぶって、グッと力を入れましょう

ギリギリまで見る

グッと力を入れる!

ボールを
さいごまで見よう

目をつぶると、ボールがどこにあるかわからないので、頭のてっぺんに当たりやすくなります

ちょっとずつ距離をつめる

コーチにボールを手でもってもらって、ヘディングのイメージをつかみましょう。ボールが向かって来るとき、どの距離までなら目を開けていられるかを、たしかめます。

ヘディング 3 をうまくなろう!

遠くに飛ばすには?

腕を上げてしっかりと引く!

浮き球をヘディングするとき、その場で待っているだけでは、ボールの力に押されてしまい、遠くに飛ばせません。肩の高さまで腕を上げて、引きながら当てることで、全身のパワーがボールにのるので、遠くに飛ばせます。

肩の高さまで腕を上げる

肩の高さまで腕を上げて、ボールに当てるタイミングでうしろに引きます

そのままうしろに引く

ボールにパワーをのせる！

頭だけで当てようとすると、ボールをはね返すことができません

自分からボールに向かって行って、腕の力も使ってパワーをのせます

全身で当てよう

ヘディングが遠くに飛ばないのは、頭だけで当てているからです。腕を上げて準備し、うしろに下げて勢いをつけると、体全体のパワーをボールに伝えられます。

コースをかえるには？

上半身をひねって体の向きをかえる！

まっすぐ飛ばすヘディングができたら、コースをかえるヘディングをおぼえましょう。ボールに当てるポイントは基本どおり、おでこの真ん中あたり。まっすぐ飛ばすときと違うのは、当てる瞬間に体全体をひねることです。

○ 良い例

体をひねってコースをかえる！

おでこの真ん中あたりでボールに当てます

ボールを見ながら、上半身をひねります

浮き球が自分のところに向かって来ます

パワーを「おでこ」に集中させる

ヘディングは頭だけでするものではありません。体全体のパワーを「おでこ」の１点に集中させるイメージで行います。とくに、コースをかえるときは上半身をしっかりひねる必要があります。首だけをひねってコースをかえようとしても、ボールに勢いが出せません。

首だけひねるのは×

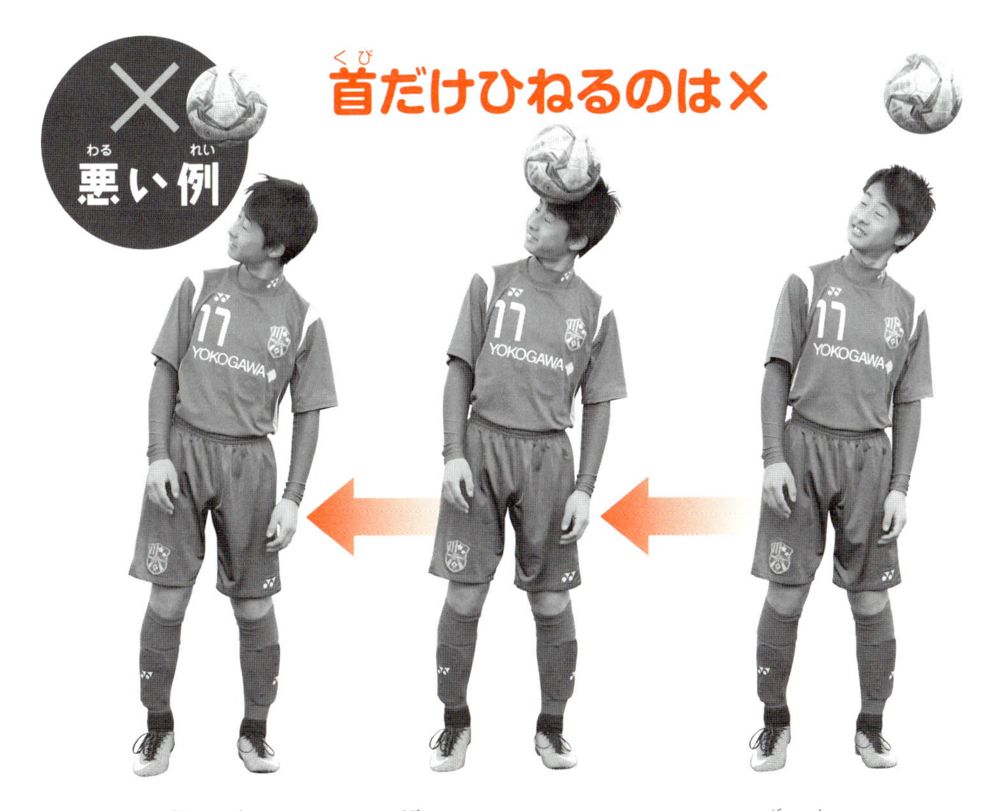

ボールの勢いに負けてしまい、うまく飛びません

首だけをひねってコースをかえようとします

その場に立ったままでボールを待っています

ヘディングに勝つには?

すばやく落下地点を見つけましょう

相手とヘディングであらそうときは、ボールが落ちて来る場所を見つけて、相手より先に入ってスタンバイできるかが重要になります。空中にあるボールの高さや、軌道などから、どこへボールが飛んでくるかを予想します。

リフティングをして、ボールをポーンとけり上げます

上がったボールが落ちて来る場所へすばやく動きます

「空間認知能力」とは？

ボールの高さや軌道から、落下地点を予測する力のことを「空間認知能力」といいます。空間認知能力が高い選手は、キックしようとしている選手の足からボールがはなれた瞬間に、どこに飛んでくるかをすばやく見つけられるので、ヘディングの競り合いで非常に有利です。

落下地点に入ってヘディング！

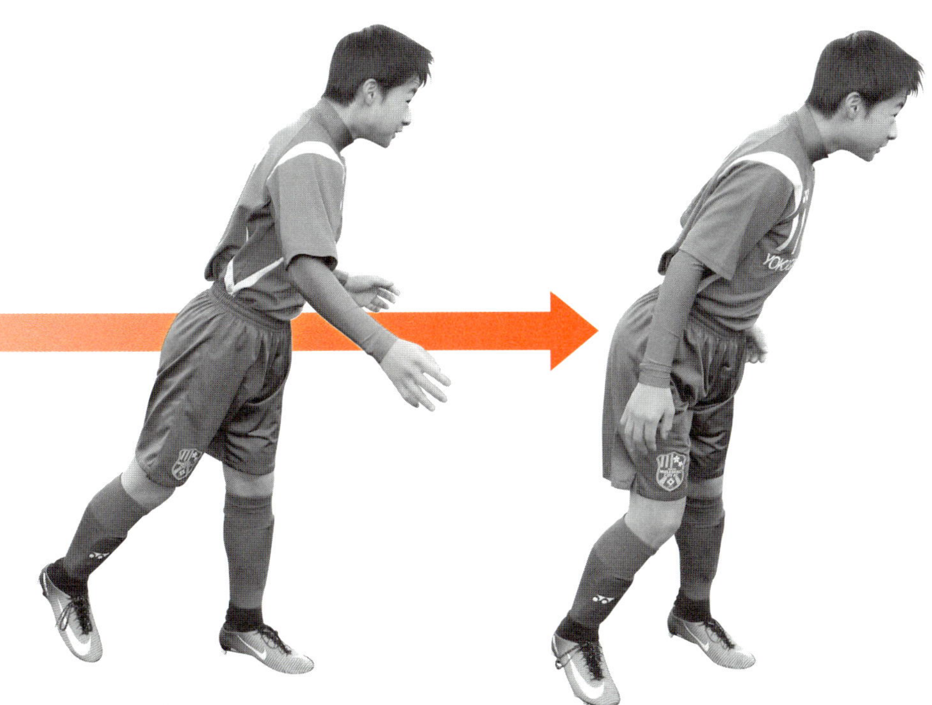

おでこの真ん中あたりで、落ちて来たボールをとらえます

なれてきたらジャンプしながらヘディングしましょう

高く飛ぶには?

ジャンプは片足でふみ切る!

走り高跳びのイメージで!
着地
両足から地面につきます
ヘディング
おでこの真ん中に当てます
ジャンプ
地面をけってジャンプ

ジャンプヘッドでは、ジャンプそのもののやり方もおぼえなければいけません。走り高跳びのように、勢いよく助走をつけてから片足でふみ切って、ジャンプします。空中でボールにインパクトしたら、両足から地面に着地しましょう。

ポイント

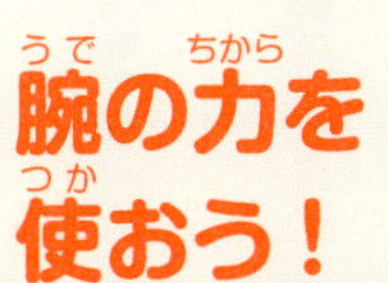

腕の力を使おう！

ジャンプしながら腕を前にのばして、当てる瞬間にグッと引きます。これによって、体のパワーがボールに伝わって、より遠くにボールを飛ばせます。ケガをしないように着地は必ず両足で行いましょう。

ふみ切り

片足でふみ切ります

助走

助走で勢いをつけます

ヘディング 7 をうまくなろう!

バウンドに合わせるには?

ステップをふもう!

バウンドしたボールをヘディングするには、ボールがはずむタイミングや高さを、しっかりと見きわめることが必要です。ボールが自分のほうへ向かって来るのを待っていると、そのあいだに相手にわりこまれてしまい、先にさわれません。

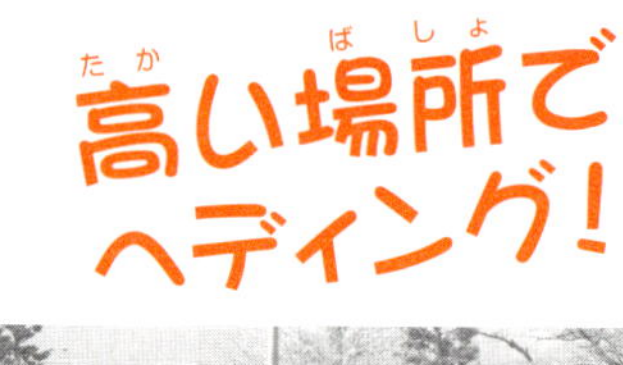

4

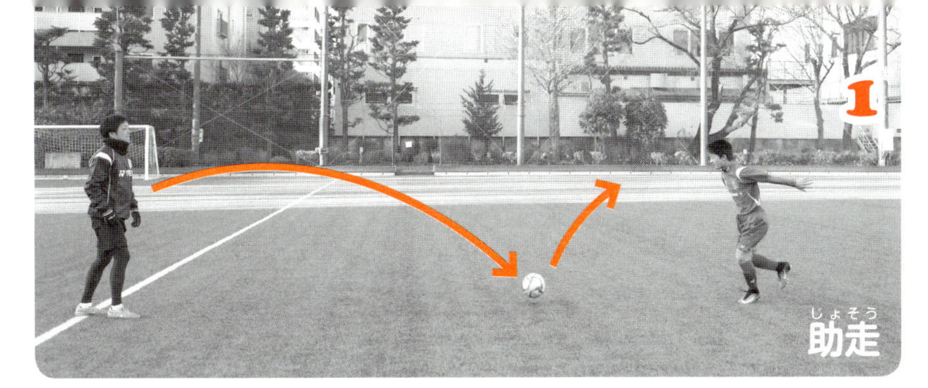

ポイント

助走をつける！

ジャンプのポイントは、その場で飛ぶのではなく、何歩か助走をつけてから飛ぶこと。スピードをつけてからふみ切ると、高いところでボールにさわることができます。

競り合いに勝つには？

自分のスペースをつくり出す！

浮き球を相手と競り合いながらヘディングをするプレーは、正しく行わないとファウルをとられてしまいます。相手よりも先にボールが落ちて来る場所に入って、自分がヘディングをするためのスペースをつくり出しましょう。

うしろから助走する

浮き球のボールが向かってきます。しかし、自分の前には相手の選手がいます

ジャンプをしながら腕を前にのばすことによって、相手を飛びづらくさせます

腕を広げておけば、相手は前に入ってこれないのでフリーでヘディングできます

空中にいるときもボールから目をはなさず、さいごまでよく見ることが大事です

高くジャンプしながら、おでこの真ん中あたりでボールをインパクトします

自分のスペースをつくることで、基本どおりのヘディングをすることができます

バックヘッド

頭のてっぺんでうしろにそらす

ヘディングの基本はおでこの真ん中に当てることですが、例外もあります。それがバックヘッドです。あえて頭のてっぺん（後頭部）にボールを当てることで、前から向かって来たボールをうしろにおくるというテクニックです。

てっぺんに当てる

バックヘッドのときは、ボールをわざと頭のてっぺんに当てます

体をうしろにそらせる

上半身をそらしながら当てると、ボールがうしろに飛んでいきます

浮き球をうしろにつなぐ

前からボールが向かって来ます。ヒザをかるくまげながら……

浮き球を、頭のてっぺんで下からつくようにヘディングします

体をそらすことによって、ボールを自分のうしろにおくります

コースが読まれにくい！

バックヘッドの良いところは、体の向きとちがうところにボールを飛ばすので、相手に読まれづらいことです。ゴールに背中を向けたまま、ヘディングでゴールをねらったり、コーナーキックでうしろにそらして味方につなげたりなど、相手の意表をつきたい場面で行いましょう。

ダイビングヘッド

低いボールに頭から飛びこむ

低く飛んできたボールに、頭からつっこんで合わせるのがダイビングヘッドです。GKからするとシュートコースが読みづらいので、ゴール前でダイビングヘッドができるようになれば、FWの選手には大きな武器となります。

飛びこみの動きをおぼえよう

奥のボールをめがけて頭からジャンプします

バーを飛びこえたら、地面に両手をつきます

そのまま体を前にはこんでクルっと回ります

これをくり返して飛びこみの動きをおぼえます

ボールを投げてもらう

手前でバウンドするように
投げてもらいましょう

低いボールに頭からつっこんで
ヘディングします

頭からボールに飛びこむ！

ボールを見ながら頭から
飛びこみます

おでこの真ん中でボール
にインパクト

地面に手をつきながら頭
で押し出します

ポイント

勇気をもって飛びこもう！

ダイビングヘッドにいちばん必要なもの、それはズバリ「勇気」です。低いボールに頭から飛びこんでいく動きは、すぐにはできません。まずは、ボールをつけずに動き方を体におぼえさせましょう。ヘディングをするときは顔を下に向けず、さいごまでよく見てボールをインパクトします。

セルヒオ・ラモスは空中戦の強さでは世界トップレベルと言われています。しかし、実は身長は183㎝。センターバックとしては、それほど大きいわけではありません。なぜ、自分より10㎝以上も大きな相手に競り勝てるのでしょうか？

ロングボールがけられたときの、

トッププレイヤーに学ぼう

セルヒオ・ラモス

（スペイン）

セルヒオ・ラモスの動きをジーッと見ていてください。

ボールが空中に浮いた瞬間、最初からどこに飛んでくるかわかっているように落下地点に移動しています。相手よりも先にポジションをとっているぶん、よゆうをもってヘディングできます。自分よりも大きな選手と競り合うときは、先にジャンプして飛ばせないようにする工夫もしています。

ヘディングは背が大きくなければ勝てないと思っている人は、セルヒオ・ラモスのプレーを見習いましょう。

part 5

個人上達メニュー

1 カベ当てキック
2 コーンシュート
3 ビブスシュート
4 リフティングシュート
5 ダブルコーンシュート
6 8の字ドリブル
7 ジグザグドリブル
8 クルクルドリブル
9 切り返しドリブル
10 連続足裏ターン

キイイッ
ビッ
にげた!!

個人上達メニュー 1

カベ当てキック

良いキックの感覚をつかもう

キックがうまくなるためには、自分に合ったけり方を見つけられるかが大事。カベなどに向かってボールをける「カベ当て」で、ボールのどこをければ、どんなボールが飛ぶかをたしかめながら、なんどもけってみましょう。

どこに当たったかをおぼえておこう

カベに向かってけってみる！

サッカー用じゃなくても、適当な大きさのカベがあればオッケー。頭の中で当てる場所をイメージし、そこをねらってけりましょう

ポイント

当たった感覚をおぼえる

実は、キックには「これが正解」というけり方があるわけではありません。なぜなら足の形、大きさ、骨格などは人それぞれちがうからです。うまくけれたときの足にボールが当たった感覚をおぼえておいて、それを再現できるようになんどもくり返しけってみましょう。

part 5

個人上達メニュー 2

コーンシュート

サイドをねらって ていねいに打つ！

シュートは強ければよいわけではなく、コースをねらって正確にけることが大切です。右側からシュートを打つときは、手前のコーン＝相手を外側にかわし、インステップキックでコーンとゴールポストのあいだを通しましょう。

コーンの距離をかえる

ポストとコーンの距離は1mぐらいが目安ですが、自分のレベルに合わせてかえましょう

コース限定シュート

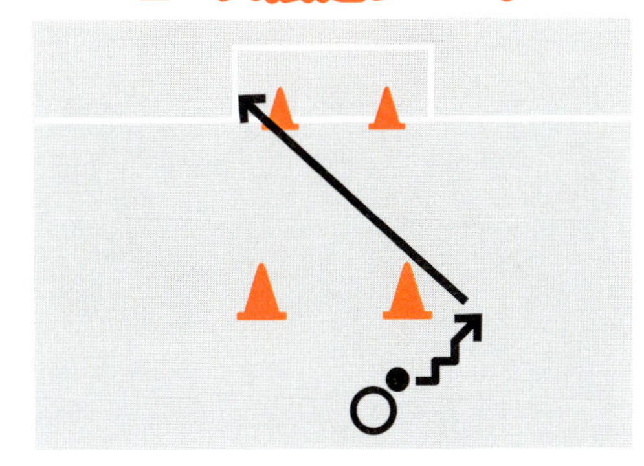

左右のゴールポストから約1mのところにコーンをおいて、そのあいだをねらって打ちます

ドリブルで手前のコーンをかわしたら、サイドのコースに向かってシュートを打ちます

ポイント

対角線上にけろう

この練習はＧＫから手がとどかないシュートコースを体でおぼえることが目的です。対角線上（ナナメ）のコースをねらって打つことができれば、ＧＫにさわられずにシュートを決めることができます。

個人上達メニュー
3

ビブスシュート

ゴールの隅をねらって打つ!

ゴールの四隅というのはＧＫにとって手のとどきにくいところ。とくに、左右の上の隅に打たれたら、ＧＫはどうすることもできません。ゴールにつるしたビブスをねらい、ゲーム感覚でシュートの技術をみがこう。

つるしたビブスを
落とす!

ビブスをぶらさげる

ビブスはクロスバー（上のバー）のうしろにあるネットに、半分ぐらい引っかけます

ビブスシュート

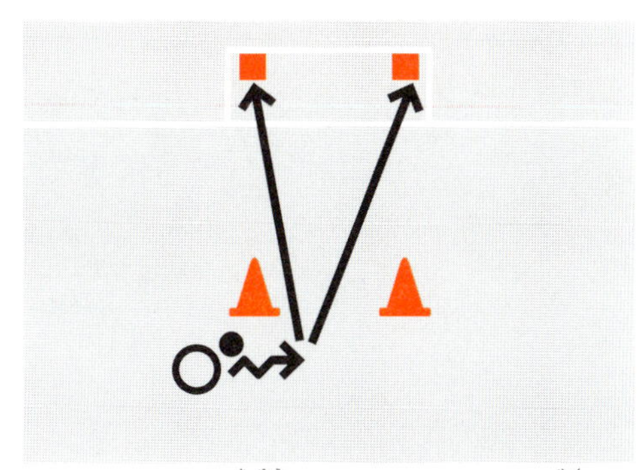

左右のゴールポストから約 1m のところに、上からビブスをつるして、シュートします

コーンの内側にドリブルでかわし、ゴールにつるしてあるビブスをねらって打ちます

ポイント

インフロントでける

上のコースをねらうには、インフロントキックでボールをこすり上げるようにけるのがポイントです。ゴールまでとどかないときは、自分のキック力に合わせてシュートを打つ場所をかえましょう。

part 5

リフティングシュート

自分で浮かせてボレーで打つ！

試合中は地面にあるボールばかりをシュートできるわけではありません。むしろ、サイドからのクロスなど、浮いているボールに合わせなければいけないシーンはたくさんあります。浮き球のシュート練習もやっておきましょう。

体の近くに引きつける！

浮き球を体の近くに引きつけてインステップで打ちます

ポイント

まずはワンバウンドで

浮き球に合わせるのはむずかしいので、さいしょはワンバウンドさせてから打ちましょう。ワンバウンドでタイミングをつかんだら、ダイレクトで打ちます。

自分でボールを浮かせる

リフティング

リフティング

落ちて来たところで……

インステップシュート

ドライブ回転がかかる

個人上達メニュー
5

ダブルコーンシュート

ドリブルでかわしてすばやくシュート！

ゴール前でＤＦをかわしてからシュートを打つための練習です。ＤＦ役としてコーンを並べて、試合中のようなイメージをもってやりましょう。ドリブルからシュートまでのスピードを、どれだけ上げられるかがポイントです。

コーンをDFに見たてる

2つのコーンはＤＦが左右に動けそうな間合いをイメージして並べます。ＤＦが足を左右に1歩分のばした幅を目安にしましょう

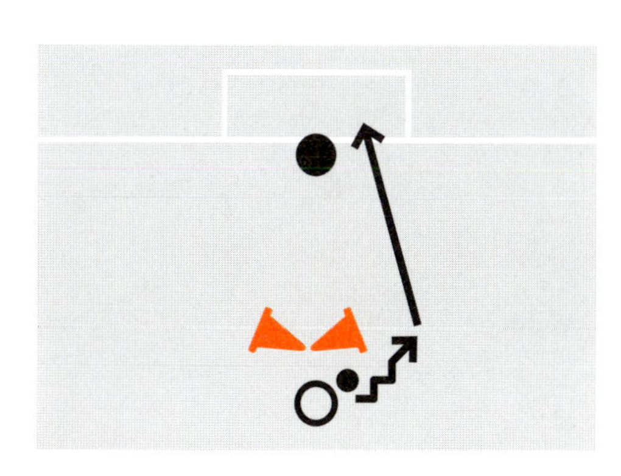

コンパクトにシュート

ＤＦがブロックしようと足を出してくるイメージをもって、コンパクトに打ちましょう

ダブルコーンシュート

コーンの正面からドリブルして、横にボールをズラしたら、すばやくシュートします

ポイント

横にズラす感覚をつかむ

ポイントは、どれだけ横にズラして時間と空間をつくれば、すばやく、なおかつＤＦに当たらずにシュートを打てるかを身につけることです。ズラす距離が大きければシュートコースが狭くなってしまい、小さければＤＦに当たったり、よせられたりします。

part 5

8の字ドリブル

インサイドでなめらかに回る

試合では相手のプレッシャーをうけながら、ボールを失わないようにしなければいけません。そのためのテクニックを身につけるトレーニングが「8の字ドリブル」です。インサイドでなめらかにターンできるようになりましょう。

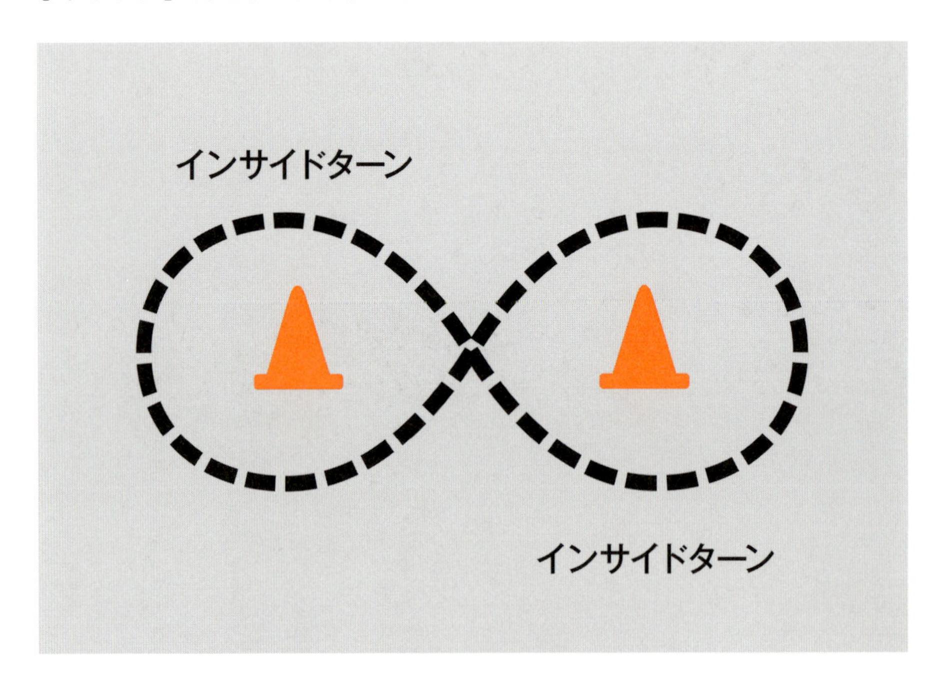

★コーンはまっすぐに並べる

★インサイドでターン

★8の字をかくように回る

相手をイメージしてボールにさわる

インサイドでタッチ

インサイドでタッチしてコーンを回ります

腕をのばして

相手がいることをイメージして腕をのばします

8の字に回る

「8」をえがくようにドリブルしていきます

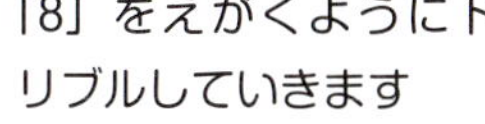

ポイント

遠い足でタッチ

ポイントはコーンから遠いほうの足でつねにボールをコントロールすること。相手＝コーンが足を出してきても、自分の体でブロックできるのでさわられません。

ジグザグドリブル

横にずらして大きくかわす

1列に並べたコーンをかわしていくトレーニングが「ジグザグドリブル」です。1対1でDFと向かい合ったときに、右足→左足、左足→右足と2回連続でボールをさわる「ダブルタッチ」で、ボールを横にずらしてかわします。

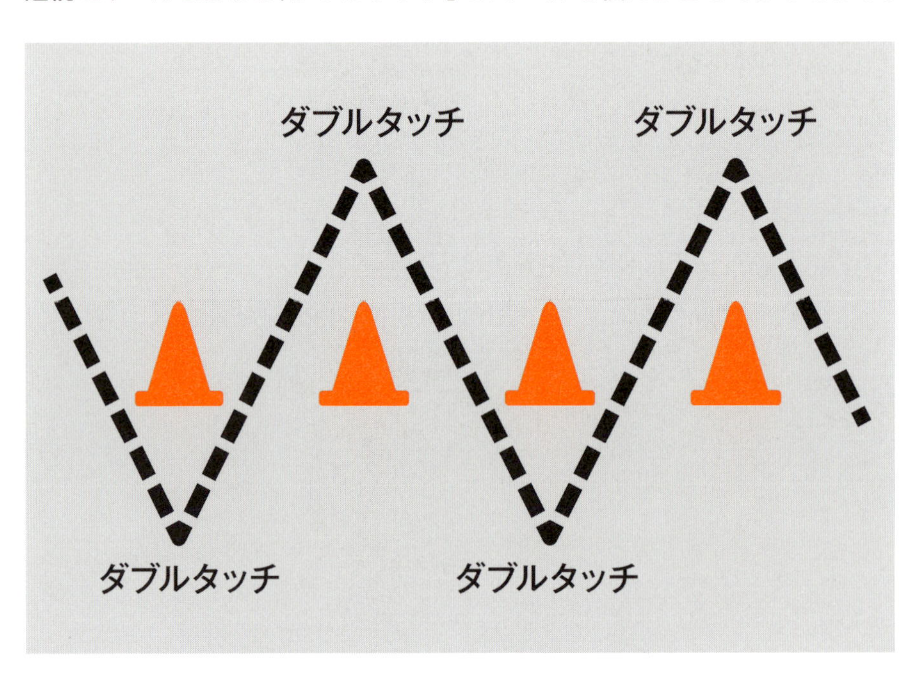

★コーンはまっすぐに並べる

★ボールを大きく動かす

★DFの幅をイメージする

ジグザグにかわしていく

右足インサイドでタッチ

右足のインサイドで中に
ボールを動かします

体をスライドさせる

ボールの動きに合わせて
体も横に動かします

左足のインサイドでタッチ

左足のインサイドで縦に
ボールを押し出します

ボールを大きく動かす

ダブルタッチはボールをどれだけ大きく動かせるかがポイントです。ボールを動かす幅が小さいと、相手ののばした足に引っかかってしまうことがあります。

クルクルドリブル

DF に背中を向けてターンする

DF が体をよせてきたときのかわし方は、ボールにさわられないように遠い足のアウトサイドで切り返し、背中を向けてターンするというものです。小さな選手も、ボールと DF のあいだに自分の体を入れればうばわれません。

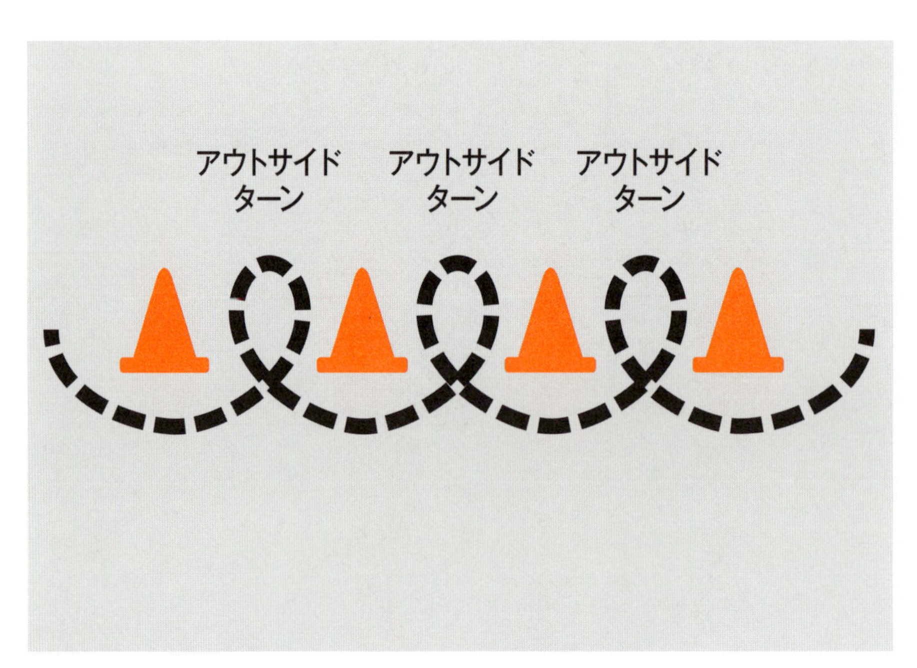

★コーンはまっすぐに並べる

★アウトサイドでターン

★リズム感をもって行う

クルクルと回っていく

アウトサイドで止める

コーンの手前で、アウトサイドでボールを止めます

背中を向けてターン

コーンに背中を向けてから、すばやくターンします

アウトサイドで押し出す

前を向きながら、アウトサイドでボールを押し出してコーンをかわします

ポイント

DFをブロックする

コーンをＤＦに見たてて、足をのばしてきたところを、かわすイメージです。ＤＦから１回はなれることになるので、ターンのスピードを上げることが大事になります。

切り返しドリブル

スピードをつけて切り返す

スピードにのってドリブルをしながら、相手の目のまえで方向をかえる「切り返し」は、シンプルですがもっとも効果的なフェイントです。段差をつけて並べたコーンを連続でかわしていきながら、切り返しをみがきましょう。

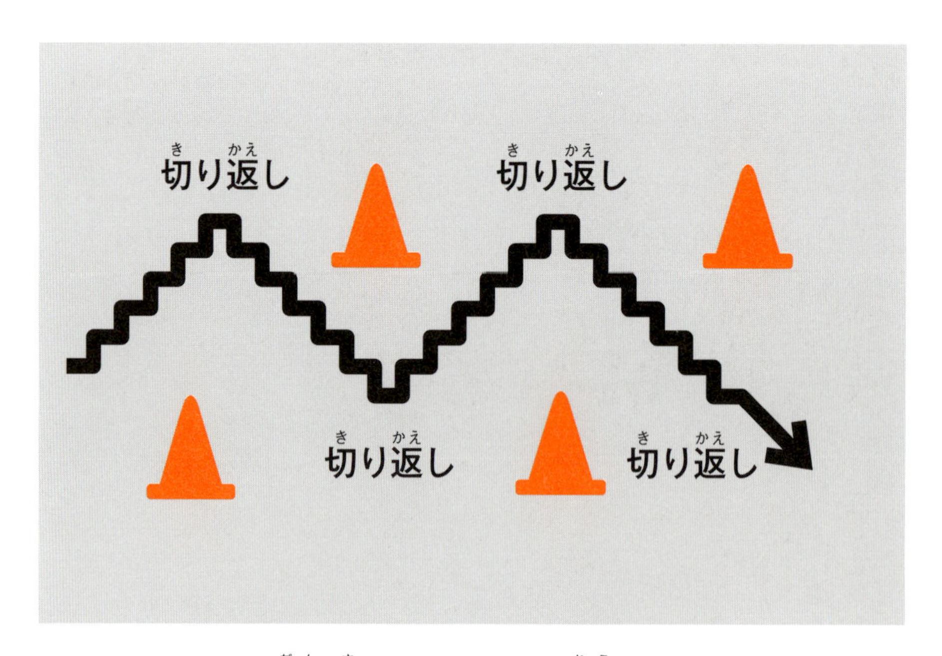

★コーンは段差をつけて並べる

★コーンの手前で切り返す

★かわしたらスピードを上げる

連続で切り返す

コーンに向かう

ナナメ前のコーンに向かってボールをはこんでいく

大きく切り返す

コーンの手前で、インサイドでボールを切り返す

スピードを上げる

次のコーンに向かって、スピードを上げていく

ポイント

インサイドのつま先でタッチ

切り返しでタッチするのは、インサイドのつま先あたりです。体から少しボールをはなして、相手に足を出させておいて、先にさわっておきざりにしましょう。

part 5

連続足裏ターン

狭いスペースでターンする

相手にかこまれたときや、タッチライン沿い、コーナー付近など、狭いスペースに追いこまれた場面をイメージしたトレーニングです。3～5m ぐらいの距離に 2 つコーンをおいて、左右交互に足裏を使ってターンしよう。

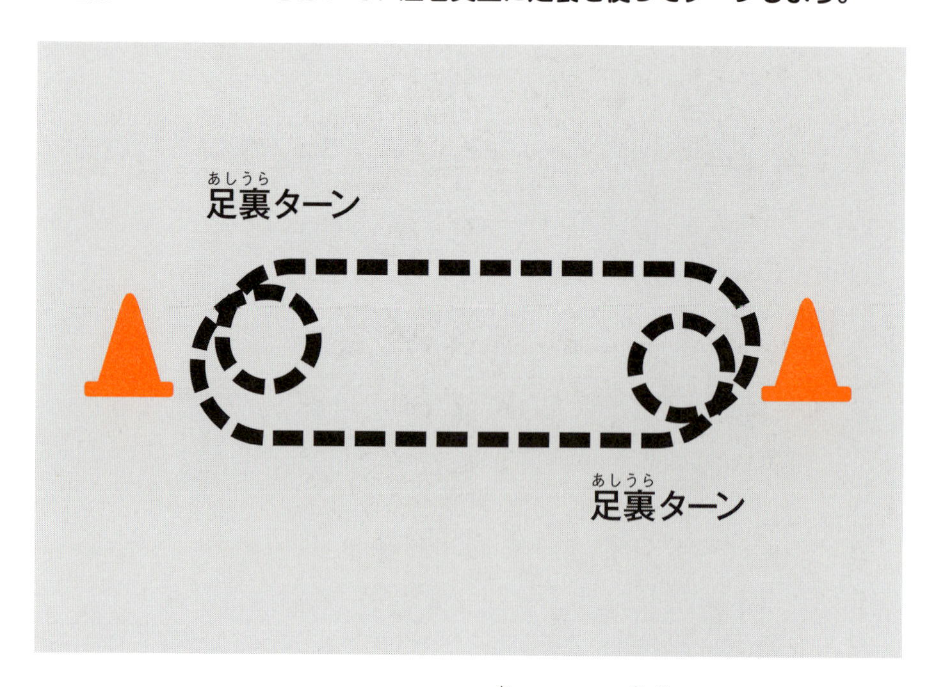

★コーンを 3～5m 空けて並べる

★足の裏でターンする

★コーンのあいだを往復する

すばやく足裏ターン

キックフェイントから……

コーンに向かってキックのモーションをする

足裏でボールを引く

コーンの手前のところで、足裏でボールを引く

180度ターンする

180 度ターンして、反対側のコーンに向かう

ポイント

キックフェイントを組み合わせる

足裏ターンのポイントはキックフェイントと組み合わせることです。足を振り上げることで、自然と立ち足を深くふみこめるので、ボールを引きやすくなります。

教えて！戸田監督

Q 足が遅いけど、プロになれますか？

A 足が速い選手だけがプロになれるわけじゃありません。大事なのは、自分の武器をつくることです。足の速さで勝てないんだったら、たくさんボールにさわって、誰よりもパスがうまくなるように練習してみましょう。プロの選手のなかにも足が遅い選手はたくさんいますよ。

Q レギュラーで試合に出られません……

A 試合に出られないからといって、ふてくされていたら、どんどん差がひらいていってしまいます。それにコーチは「試合に出られないときに、どんなことをしているか」を見ているもの。いつもよりはやめに練習に来たり、積極的に声を出したり、できることからやってみよう。

Q 1日どれぐらいサッカーをすればいいですか？

A サッカーはたくさんやれば良いと思っている子もいるかもしれません。でも、毎日やらなくても大丈夫です。むしろ、サッカー以外のことにもチャレンジしてみてください。野球、水泳、体操などほかのスポーツをやってみると、新しい発見があってサッカーが楽しくなりますよ。

Q 背が小さくてまわりの子にふっとばされます

A サッカーは相手の選手と当たらないようにプレーすることもできます。ボールをもっていないときに、相手につかまらないように動いたり、ワンタッチ、ツータッチでシンプルにつないだり、ボールコントロールをみがいたり。それは大きくなったときの財産になるはずです。

Q ポジションが向いていない気がします

A こどものころは、いろいろなポジションをやってみるべきだと思います。そのなかで、「ここだったらプレーしやすい」「自分の良さを生かせる」というのが見えてくるはず。食わず嫌いをして、「自分はここだけしかやらない！」とこだわるのはもったいないです。

Q どんなものを食べたほうがいいですか？

A これだけを食べればいいというものはありません。できるだけ、バランスよく、好き嫌いなく食べることがいちばんです。サッカーの練習後は、おにぎりなどエネルギーになるものを食べるようにしましょう。ちゃんと食べると、体も大きくなるし、たくさん走れるようになります。

Q 1人でもできるケアを教えてください

A サッカーの練習をしたあとは、体のケアをしっかりやりましょう。とくに、お風呂から上がったあとは、筋肉がほぐしやすいので、体全体をのばしておくこと。そうすると次の日に疲れが残りづらくなります。あとは、よく寝ること。体を休めることも大事なトレーニングです。

Q 家から遠いチームに通いたいんですが……

A あこがれているチームや、レベルが高いチームに行きたいという気持ちはよくわかります。でも、練習が終わったあとの食事や睡眠のことを考えると、家から1時間以上かかるところは、あまりオススメしません。お父さん、お母さん、コーチにもよく相談して決めましょう。

Q セレクションはうけたほうがいい？

A 必ずうけなければいけないというものではありません。ただ、セレクションは１つのモチベーションになるので、目標をもって練習するのはよいと思います。ただし、合格したとしても、そこがゴールではありません。くれぐれも満足しないようにしましょう。

Q まわりの選手のレベルが低いんですが……

A サッカーというのはチームスポーツです。自分さえ良ければ、それで勝てるわけではありません。もしも、ほかの選手のレベルがちょっと落ちるなら、どうすれば勝てるかを考えてみましょう。本当に良い選手というのは、自分以外の選手もうまくするものです。

教えて！
戸田監督

監修
戸田智史（とだ・さとし）
1976年8月19日生まれ、東京都府中市出身。2002年より、横河武蔵野FCスクールコーチ、ジュニアユースコーチを歴任し、08年よりジュニア監督。09年、14年に全日本少年サッカー大会で全国大会3位。14年11月にブラジルで開催された、FIFA公認のU-12の世界一を決める国際大会であるダノンネーションズカップに日本代表監督として出場。日本のチームとして初めて世界一に輝く。16年より東京武蔵野シティフットボールクラブU-15の監督を務める。

STAFF

編集	北健一郎
構成	木之下潤
写真	松岡健三郎
マンガ	サダタロー
本文デザイン	坂井図案室
カバーデザイン	柿沼みさと

ジュニアレッスンシリーズ
読めばメキメキうまくなる
サッカー入門

監　修　戸田智史
発行者　岩野裕一
発行所　株式会社実業之日本社
〒107-0062　東京都港区南青山5-4-30
CoSTUME NATIONAL Aoyama Complex 2F
【編集部】03-6809-0452　【販売部】03-6809-0495
実業之日本社ホームページ　https://www.j-n.co.jp/

印刷・製本　大日本印刷株式会社

ISBN978-4-408-33734-0（第一スポーツ）

1709(02)